普通高中教科书 历史 必修 配套资料

U0744026

主编：陈家华

陈家华名师工作室精品文丛

# 『中外历史纲要（上）』

# 史料解读

沈丽娅 陈家华 翁梓轩 编著

ZHONG WAI
LiSHI GANG YAO SHANG
SHI LIAO JIE DU

浙江工商大学出版社
ZHEJIANG GONGSHANG UNIVERSITY PRESS
·杭州·

**图书在版编目(CIP)数据**

《中外历史纲要(上)》史料解读 / 沈丽娅，陈家华，翁梓轩编著. — 杭州：浙江工商大学出版社，2020.3(2022.10 重印)

ISBN 978-7-5178-3755-8

Ⅰ．①中… Ⅱ．①沈… ②陈… ③翁… Ⅲ．①中学历史课－高中－教学参考资料 Ⅳ．①G634.513

中国版本图书馆 CIP 数据核字(2020)第 023790 号

## 《中外历史纲要(上)》史料解读
### 《ZHONGWAI LISHI GANGYAO(SHANG)》SHILIAO JIEDU

沈丽娅　陈家华　翁梓轩 编著

| | |
|---|---|
| **责任编辑** | 张晶晶 |
| **封面设计** | 林朦朦 |
| **责任印制** | 包建辉 |
| **出版发行** | 浙江工商大学出版社 |
| | (杭州市教工路 198 号　邮政编码 310012) |
| | (E-mail:zjgsupress@163.com) |
| | (网址:http://www.zjgsupress.com) |
| | 电话:0571－88904980,88831806(传真) |
| **排　　版** | 杭州朝曦图文设计有限公司 |
| **印　　刷** | 浙江全能工艺美术印刷有限公司 |
| **开　　本** | 889mm×1194mm　1/32 |
| **印　　张** | 6 |
| **字　　数** | 145 千 |
| **版 印 次** | 2020 年 3 月第 1 版　2022 年 10 月第 3 次印刷 |
| **书　　号** | ISBN 978-7-5178-3755-8 |
| **定　　价** | 32.00 元 |

# 前　言

2018年教育部颁发的《普通高中历史课程标准(2017年版)》提出历史学科的五大核心素养——唯物史观、时空观念、史料实证、历史解释、家国情怀,都在不同程度上与史料有着难以分割的联系。由此不难看出,史料是历史的见证和历史研究的基础,也是构建历史教学和探究历史规律的前提。史料如同陈年佳酿,让历史课充满了浓郁的历史感,绵香醇厚,意蕴悠悠。反之没有史料的充实,历史教学就会成为无源之水,无本之木。

作为中学历史教学与研究者,在实践过程中深感史料的重要性,故而在部编教材《中外历史纲要(上)》推出以后,我们就着手搜集相关典籍文献、重要文件报刊、史家经典,围绕各章节的重要历史概念进行史料的撷取、解读和分析,给中学历史教学的同仁和热爱历史学科的中学生提供相关工作和学习的参考。

本书共分10个单元,本人完成1—8单元的编撰,省特级教师、正高级教师、陈家华名师工作室领衔人陈家华老师完成9—10单元的编撰,后期整理、校对工作由陈家华名师工作室骨干研修班成员翁梓轩老师完成。其中第1—4单元为中国古代史,第一单元《从中华文明起源到秦汉统一多民族封建国家的建立与巩固》选取了从原始社会到秦汉时期涵盖政治、经济、思想文化各领域的核心概念,并选取了《史记》《山海经》《淮南子》《礼记》《孟子》《周礼》《论语》《道德经》《荀子》《庄子》《韩非子》《墨子》《孙子兵法》《汉书》《黄帝内经》中的相关史料来还原各核心概念,并附有译文。第二单元《三国两晋南北朝的民族交融与隋唐统一多民族封建国家的发展》选取了六朝这个特殊时期和隋唐时期的标志性历史事件的概念,选取的史料来自《资治通鉴》《魏书》《新唐书》,亦附有译文。第三单元《辽宋夏金多民族政权的并立与元朝的统一》选取了两宋和少数民族政权并立时期有关社会状况的历史学名词,史料来自《宋史》《梦溪笔谈》。第四单元《明清中国版图的奠定与面临的挑战》选取了明清时期代表当时中国重大历史事件的专业术语,史料来自《明史》《本草纲目》《天工开物》。第5—8单元为中国近代史,第五单元《晚清时期的内忧外患与救亡图存》、第六单元《辛亥革命与中华民国的建立》、第七单元《中国共产党成立与新民主主义革命兴起》、第八单元《中华民族的抗日战争和人民解放战争》选取的史料来自中国近代史上各重大事件的原始档案文献、会议记录、历史人物著作集,并附解析。第9—10单元为中国现代史,第九单元《中华人民共和国成立和社会主义革命与建设》和第十单元《改革开放与社会主义现代化建设新时期》选取的史料来自重大会议文件、政府通告、报刊文摘资料,同时附以解析。

　　本书坚持正确的思想导向和价值判断,并以立德树人为根本任务,合理整合教学资源,旨在培养和提高学生的史料实证核心素养,并在此基础上提升学生的历史解释素养,体现论从史出、史由证来的历史学习方法,让学生在阅读一手史料中培养解读信息的能力,同时在基于史料解读的基础上让学生树立分析和论证历史问题的意识和能力,具有一定的针对性和实用性。

沈丽娅

2020 年 1 月 12 日

# 目　录

# 第一单元

## 从中华文明起源到秦汉统一多民族封建国家的建立与巩固

## 第1课 中华文明的起源与早期国家

### 一、仰韶文化

仰韶文化为新石器时代最重要的考古文化之一,距今约 7000 年至 5000 年,中心区域大致囊括现在陕西省中部、河南省西部和山西省南部一带,因首次发现于河南省渑池县仰韶村而得名。考古遗址表明此时黄河流域的居民以经营原始农业为主(农作物包括粟和蔬菜),采用刀耕火种和土地轮休的耕作方式,房屋以半地穴式为主,多使用磨制石器,兼营家畜饲养、渔猎,并会制作陶器,掌握原始纺织技术。仰韶文化早中期属于母系氏族社会的繁荣阶段,晚期进入父系氏族公社时期。

【史料】

1.又西三百五十里曰玉山,是西王母所居也。西王母其状如人,豹尾虎齿而善啸,蓬发戴胜,是司天之厉及五残。

——《山海经》

2.往古之时,四极废,九州裂,天不兼覆,地不周载;火滥炎而不灭,水浩洋而不息,猛兽食颛民,鸷鸟攫老弱。于是,女娲炼五色石以补苍天,断鳌足以立四极,杀黑龙以济冀州,积芦灰以止淫水。苍天补,四极正;淫水涸,冀州平;狡虫死,颛民生。

——《淮南子·览冥训》

【史料解析】

《山海经》是中国先秦重要典籍,富于神话传说色彩,现代学者普遍认为其有较高地理价值和文献价值。《淮南子》是西汉皇族淮南王刘安及其门客编写的一部哲学著作,在继承先秦道家思想的基础上,综合了诸子百家学说中的精华部分,在阐明哲理时,涉及奇物异类、鬼神灵怪,保存了一部分神话材料,有一定的文献价值。上述两段史料分别体现了《山海经》中的"西王母"和《淮南子》中的"女娲"形象,展现了原始社会母系氏族全盛时期的部落首领形象。

【译文】

1.再往西三百五十里是玉山,这是西王母居住的地方。西王母的形貌与人一样,却长着豹子一样的尾巴和老虎一样的牙齿,并且经常呼啸,蓬松的头发上戴着玉胜,是主管上天灾害和五刑残杀的。

2.远古之时,支撑天地四方的四根柱子坍塌了,大地开裂;天不能完全覆盖万物,地不能遍载万物;火势蔓延而不能熄灭,水势浩大而不能停止;野兽吃掉善良的百姓,猛禽用爪子抓取老人和小孩。于是,女娲冶炼五色石来修补苍天,砍断海中巨龟的脚来做撑起四方的柱子,杀死黑龙来拯救中国,用芦灰来堵塞洪水。(于是)天空得以修补,支撑天地四方的柱子重新竖立了起来,洪水退去,中国的大地上恢复了平静;凶猛的鸟兽都死了,善良的百姓得以存活。

## 二、良渚文化

良渚文化为长江下游地区新石器文化的重要文化遗存,约在公元前3300—前2200年,主要分布于太湖地区,因1936年首见于浙江余杭良渚而得名。考古表明,此时该区域农业工具相对进步,已出现犁形器、耘田器等先进工具,中国最早的苎麻织品实物、干栏式建筑、私有财产已经出现,玉琮、玉钺和大规模巨型建筑表明了阶级分化和强大权力机构的存在。史学界普遍认为良渚文化时期是父系氏族社会向文明社会过渡的时期。

【史料】

黄帝者,少典之子,姓公孙,名曰轩辕。生而神灵,弱而能言,幼而徇齐,长而敦敏,成而聪明。轩辕之时,神农氏世衰。诸侯相侵伐,暴虐百姓,而神农氏弗能征。于是轩辕乃习用干戈,以征不享,诸侯咸来宾从。而蚩尤最为暴,莫能伐。炎帝欲侵陵诸侯,诸侯咸归轩辕。轩辕乃修德振兵,治五气,艺五种,抚万民,度四方,教熊罴貔貅貙虎,以与炎帝战于阪泉之野。三战,然后得其志。蚩尤作乱,不用帝命。于是黄帝乃征师诸侯,与蚩尤战于涿鹿之野,遂禽杀蚩尤。而诸侯咸尊轩辕为天子,代神农氏,是为黄帝。天下有不顺者,黄帝从而征之,平者去之,披山通道,未尝宁居。

——《史记·五帝本纪》

**【史料解析】**

《史记·五帝本纪》记载了原始社会晚期被后人尊为帝王的五个部落联盟首领——黄帝、颛顼(zhuān xū)、帝喾(kù)、尧、舜的事迹，同时也记录了当时部落之间的战争、政治管理、经济治理、天文历法及音乐舞蹈的发展概况。该部分史料截取了黄帝的部分生平，体现出父系氏族公社时期的社会状况。

**【译文】**

黄帝，是少典部族的后代，姓公孙名轩辕。他一出生，就很有灵性，呱呱坠地后就会说话，幼年时聪明机敏，长大后诚实勤奋，成年以后见闻广博，对事物看得清楚。轩辕时代，神农氏的后代已经衰败，各诸侯互相攻战，残害百姓，而神农氏没有力量征讨他们。于是轩辕就习兵练武，去征讨那些不来朝贡的诸侯，各诸侯这才都来归从。而蚩尤在各诸侯中最为暴戾，没有人能征服他。炎帝意图进攻诸侯，诸侯于是都来归顺轩辕。于是轩辕修行德业，整顿军旅，研究节气变化，种植五谷，安抚民众，丈量土地，训练以熊、罴、貔、貅、貙、虎为图腾的氏族，跟炎帝在阪泉的郊野交战，先后打了几仗，才征服炎帝。蚩尤发动叛乱，不听从黄帝之命。于是黄帝征调诸侯的军队，在涿鹿郊野与蚩尤作战，终于擒获并杀死了他。于是，诸侯都尊奉轩辕做天子，轩辕取代了神农氏，这就是黄帝。天下有不归顺的，黄帝就前去征讨，平定一个地方之后就离去，没有安宁固定的居所。

### 三、禅让制

禅让制是指原始社会后期由部落大会民主选举首领的制度。基本原则是选贤举能,操作流程为部落首领共同推举,并得到全体氏族成员的承认。它反映了原始社会氏族成员平等,也体现了原始社会后期部落联盟军事首领的权力和社会地位加强的倾向。

【史料】

帝尧者放勋,其仁如天,其知如神。……

尧老,使舜摄行天子政,巡狩。舜得举用事二十年,而尧使摄政。摄政八年而尧崩。三年丧毕,让丹朱,天下归舜。……于是舜乃至于文祖,谋于四岳,辟四门,明通四方耳目,命十二牧论帝德,行厚德,远佞人,则蛮夷率服。舜谓四岳曰:"有能奋庸美尧之事者,使居官相事?"皆曰:"伯禹为司空,可美帝功。"舜曰:"嗟,然!禹,汝平水土,维是勉哉。"禹拜稽首,让于稷、契与皋陶。……三岁一考功,三考绌陟,远近众功咸兴。分北三苗。……

舜年二十以孝闻,年三十尧举之,年五十摄行天子事,年五十八尧崩,年六十代尧践帝位。践帝位三十九年,南巡狩,崩于苍梧之野。……舜子商均亦不肖,舜乃预荐禹于天,十七年而崩。三年丧毕,禹亦乃让舜子,如舜让尧子。诸侯归之,然后禹践天子位。

——《史记·五帝本纪》

【史料解析】

原始社会后期,各氏族部落在迁徙和交往中时而结盟时而发生冲突,有时演化为较大规模的部落战争,此为世界各古老民族都经历的"英雄时代",即军事民主制时代。从尧到舜、从舜到禹,都采用了禅让制的方式完成了权力的交替。《史记·五帝本纪》是《史记》的第一篇,记载的是远古传说中被后人尊为帝王的五个部落联盟首领——黄帝、颛顼、帝喾、尧、舜的事迹,同时也记录了当时部落之间频繁的战争和禅让制。

【译文】

帝尧放勋仁德如天,智慧如神。

...........

尧年纪大了,让舜代行天子之政,巡视四方。舜被举荐掌管政事二十年,尧让他代行天子的政务。代行政务八年,尧逝世了。服丧三年完毕,舜让位给丹朱,可是天下人都来归服舜。……于是舜就到文祖庙,与四岳商计,开放四门,了解沟通四方的情况,他让十二州牧讨论称帝应具备的功德,他们都说要办有大德的事,疏远巧言谄媚的小人,这样,远方的外族就都会归服。舜对四岳说:"有谁能奋发努力,建立功业,光大帝尧的事业,授给他官职辅佐我办事呢?"四岳都说:"伯禹为司空,可以光大帝尧的事业。"舜说:"嗯,好!禹,你去负责平治水土,一定要努力办好啊!"禹跪地叩头拜谢,谦让给稷、契和皋陶。……此后,每三年考核一次功绩,经过三次考核,按照成绩升迁或贬黜,所以,不论远处近处,都振兴起来了。同时又分解了三苗部族。

...........

舜二十岁时因为孝顺而闻名,三十岁时被尧举用,五十岁时代理天子政务,五十八岁时尧逝世,六十一岁时接替尧登临天子之位。登位三十九年,到南方巡视,在南方苍梧的郊野逝世。……舜的儿子商均不成才,舜事先推荐了禹为天子。十七年后舜逝世。服丧三年完毕,禹也把帝位让给舜的儿子,就跟舜让给尧的儿子时的情形一样。但是诸侯归服禹,这样,禹就登临了天子之位。

### 四、王位世袭制

王位世袭制是国家王位由一个家族世代承袭的制度,是继禅让制(民主推举部落联盟首领制度)之后出现的一种政治制度。原始社会末期,私有制和阶级逐渐形成,部落联盟首领的权威逐渐演化成国王的特权。禹任部落联盟首领时,原先的按血缘划分居民已经开始向按地域划分居民转变,同时有了部落军事首领和公职人员世袭的大量存在。以此为基础,禹死后,其子启在新兴奴隶主贵族的推拥下,继承了禹的职位,并用暴力方式巩固统治。至此,禅让制转为王位世袭制,这一制度一直延续到清末。

【史料】

帝禹立而举皋陶荐之,且授政焉,而皋陶卒。……而后举益。

十年,帝禹东巡狩,至于会稽而崩。以天下授益。……益让帝禹之子启,而辟居箕山之阳。禹子启贤,天下属意焉。……故诸侯皆去益而朝启,曰:"吾君帝禹之子也。"于是启遂即天子之位,是为夏后帝启。

…………

有扈氏不服,启伐之,大战于甘。……遂灭有扈氏。天下咸朝。

——《史记·夏本纪》

【史料解析】

《史记·夏本纪》主要记述了夏朝的历史,是现代人研究夏代历史的重要参考资料。夏本是一个古老的部落,相传是由包括夏在内的十多个部落联合发展而来的,与古代其他部落交错分布于中国境内。到唐尧、虞舜时期,夏族的首领禹因治水有功,取得了帝位,并传给其子启,从而建立了我国历史上第一个奴隶制王朝。所选史料体现了禹和启权力交接的史实。

**【译文】**

禹到了晚年决定推举夷人首领皋陶为继承人,但是皋陶却先他而逝,……又推举伯益。

十年后禹东巡到会稽山离世,将天子位禅让给伯益。……伯益把帝位让给禹的儿子启后,躲避在箕山南面。禹的儿子启贤明,天下人心归附。……所以诸侯都离开伯益而去归顺启,都说:"我们的天子是禹的儿子。"于是启登临天子位,这就是夏后帝。

…………

有扈氏部落不服启的统治,启派兵征讨。双方在甘地大战。……启最后消灭有扈氏部落,于是天下都来朝拜。

### 五、内外服制度

内外服制度为商朝在盘庚迁殷后采取的一种二元统治体制,即将统治区域分为内服和外服,分别采取不同的统治方式和组织方式。王畿以内为内服,是商王直接统治的地区,大体位于以今河南为中心的中原地区。王畿以外为外服,分布着众多接受商王封号的方国、部族。大小方国要向王室定期朝贡,提供力役,奉命征伐,遵守一切礼仪制度,是商王室统治下的臣属之邦。同时每个方国内部均效仿王室建立相关政权机构,包括军事、政治、经济、司法等职能,对所属领地民众实施直接统治。各方国面积、人口数量均有差异,其中力量强大的方国如顺从王室则可巩固商朝统治,反之会成为与中央对抗的

力量。此外,王畿以外还分布着众多少数民族部落,由于经济文化的
相对落后,他们往往通过政治臣服的方式加强与中央政权的联系,商
王朝也通过派驻军队的方式来加强控制。

【史料】

汤既胜夏,欲迁其社,不可,作夏社。伊尹报。于是诸侯毕服,汤
乃践天子位,平定海内。……汤归至于泰卷陶,中垒作诰。既绌夏
命,还亳,作汤诰:"维三月,王自至于东郊。告诸侯群后:'毋不有功
于民,勤力乃事。予乃大罚殛女,毋予怨。'……曰:'不道,毋之在国,
女毋我怨。'"以令诸侯。伊尹作咸有一德,咎单作明居。……

自中丁以来,废而更立诸弟子,弟子或争相代立,比九世乱,于是
诸侯莫朝。

帝阳甲崩,弟盘庚立,是为帝盘庚。帝盘庚之时,殷已都河北,盘
庚渡河南,复居成汤之故居,乃五迁,无定处。殷民咨胥皆怨,不欲
徙。盘庚乃告谕诸侯大臣曰:"昔高后成汤与尔之先祖俱定天下,法
则可修。舍而弗勉,何以成德!"乃遂涉河南,治亳,行汤之政,然后百
姓由宁,殷道复兴。诸侯来朝,以其遵成汤之德也。

——《史记·殷本纪》

【史料解析】

《史记·殷本纪》系统记载了商朝从建国到繁盛再到衰亡的过
程,上述片段着重描写成汤、盘庚两位君主的具体事迹,反映了他们
的治国方略和为君品质。侧面可窥见内外服制的影子,商王朝明君
在位时修德四方,国力强盛时各方国诸侯争相来朝,反之则离心
离德。

## 【译文】

商汤灭夏之后,想换掉夏的社神,但没有换成,于是写下《夏社》。伊尹向诸侯公布了这次大战的战绩,自此,诸侯全都听命归服了。商汤登上天子之位,平定了天下。……汤班师回朝,途经泰卷时,中垒(huǐ悔)作了朝廷的诰命。汤废除了夏的政令,回到国都亳,作《汤诰》号令诸侯。《汤诰》这样记载:"三月,殷王亲自到了东郊,向各诸侯国君宣布:'各位可不能不为民众谋立功业,要努力办好你们的事情。否则,我就对你们严加惩办,那时可不要怪罪我。'……又说:'你们当中如果有谁干出违背道义的事,那就不允许他回国再当诸侯,那时你们也不要怨恨我。'"汤用这些话告诫了诸侯。这时,伊尹又作了《咸有一德》,咎单作了《明居》(即民众应该遵守的法则)。……

自中丁帝以来,废除嫡长子继位制而拥立诸弟兄及诸弟兄的儿子,这些人有时为取得王位而互相争斗,造成了连续九代的混乱,因此,诸侯没有人再来朝见。

阳甲帝逝世,他的弟弟盘庚继位。盘庚即位时,殷朝已在黄河以北定都。盘庚渡过黄河,又回到成汤的故居。这已是第五次迁移了,一直没有固定国都,所以殷朝的民众一个个怨声载道,不愿再受迁移之苦。盘庚见此情况,就告谕诸侯大臣说:"从前先王成汤和你们的祖辈们一起平定天下,他们传下来的法度和准则应该遵循。如果我们舍弃这些而不努力推行,那怎么能成就德业呢?"这样,最后才渡过黄河,南迁到亳,遵行成汤的政令。此后百姓们渐渐安定,殷朝的国势又一次兴盛起来。因为盘庚遵循了成汤的德政,诸侯也纷纷前来朝见了。

## 六、分封制

周灭商后,派遣王室子弟或其他贵族到各地去建立诸侯国,代表周天子行使对地方的统治权,即"封建亲戚,以藩屏国"。周初分封的诸侯主要有三类,一是王室子弟,二是异姓功臣,三是古代帝王的后代。较之商代的内外服制,分封制使西周构建起四通八达的统治网络,强化了中央对地方的控制能力。

【史料】

封商纣子禄父殷之余民。武王为殷初定未集,乃使其弟管叔鲜、蔡叔度相禄父治殷。已而命召公释箕子之囚。……武王追思先圣王,乃褒封神农之后于焦,黄帝之后于祝,帝尧之后于蓟,帝舜之后于陈,大禹之后于杞。于是封功臣谋士,而师尚父为首封。封尚父于营丘,曰齐。封弟周公旦于曲阜,曰鲁。封召公奭于燕。封弟叔鲜于管,弟叔度于蔡。余各以次受封。

…………

成王少,周初定天下,周公恐诸侯畔周,公乃摄行政当国。管叔、蔡叔群弟疑周公,与武庚作乱,畔周。周公奉成王命,伐诛武庚、管叔,放蔡叔。以微子开代殷后,国于宋。颇收殷余民,以封武王少弟封为卫康叔。

——《史记·周本纪》

【史料解析】

《周本纪》出自司马迁《史记》卷四,概括地记述了周王朝兴衰的历史,勾画出一个天下朝宗、幅员辽阔的强大奴隶制王国的概貌。所选史料体现了周初的两次分封制,分别为武王即位之时和周公东征之后,上述史料呈现了这一历史原貌。

## 【译文】

武王以殷的遗民封商纣之子禄父。武王因天下初定,尚未和睦,所以派他的弟弟管叔鲜、蔡叔度辅佐禄父治理殷国。然后命召公释放被囚禁的箕子(商纣王的叔父,因反对暴政被囚禁)。……武王追怀古代的圣王,因而嘉封神农的后代于焦,黄帝的后代于祝,帝尧的后代于蓟,帝舜的后代于陈,大禹的后代于杞。接着又封功臣谋士,而师尚父是被封的第一个。武王封尚父于营丘,为齐。封其弟周公旦于曲阜,为鲁。封召公奭于燕。封其弟叔鲜于管,其弟叔度于蔡。其他人也都依次受封。

…………

成王年幼,周初刚刚平定天下,周公害怕诸侯背叛周,便摄政主持国家大事。管叔、蔡叔等兄弟怀疑周公,勾结武庚作乱,背叛周。周公奉成王之命,讨伐武庚、管叔,流放蔡叔。用微子启代替武庚为殷的后代,都于宋。收聚不少殷遗民,用来封武王最小的弟弟为卫康叔。

## 七、宗法制

宗法制是一种以血缘关系为纽带,维护贵族统治集团内部稳定和团结的权力继承制度。

其核心内容是嫡长子继承制,即嫡长子继承父亲的宗主地位,庶子分封。嫡长子与分封下去的众子在血缘上是兄弟关系,在政治上是君臣关系,明确了下级贵族服从上级贵族、全体贵族服从天子的政治隶属关系。

【史料】

天下有王,分地建国,置都立邑,设庙祧坛墠而祭之,乃为亲疏多少之数。是故:王立七庙,一坛一墠,曰考庙,曰王考庙,曰皇考庙,曰显考庙,曰祖考庙;皆月祭之。远庙为祧,有二祧,享尝乃止。去祧为坛,去坛为墠。坛墠,有祷焉祭之,无祷乃止。去墠曰鬼。诸侯立五庙,一坛一墠。曰考庙,曰王考庙,曰皇考庙,皆月祭之;显考庙,祖考庙,享尝乃止。去祖为坛,去坛为墠。坛墠,有祷焉祭之,无祷乃止。去墠为鬼。大夫立三庙二坛,曰考庙,曰王考庙,曰皇考庙,享尝乃止。显考祖考无庙,有祷焉,为坛祭之。去坛为鬼。适士二庙一坛,曰考庙,曰王考庙,享尝乃止。皇考无庙,有祷焉,为坛祭之。去坛为鬼。官师一庙,曰考庙。王考无庙而祭之,去王考曰鬼。庶士庶人无庙,死曰鬼。

——《礼记·祭法》

【史料解析】

《礼记》是中国古代一部重要的典章制度选集,共二十卷四十九篇,书中内容主要写先秦的礼制,体现了先秦儒家的哲学思想、教育思想、政治思想、美学思想,是研究先秦社会的重要资料,是一部儒家思想的资料汇编。上述史料片段记述祭祀的方法、对象、场所、原则及有关的祭祀制度、立社制度等,体现了宗法血缘关系中的尊卑等级、长幼有序。

【译文】

普天之下只有一个天子,于是分九州之地,建诸侯之国,为公卿设都,为大夫置邑,还普遍设立庙、祧、坛、墠来祭祀祖先,并按照血缘关系的远近来决定祭祀的规格。所以天子设立七庙和一坛一墠，即父庙、祖父庙、曾祖庙、高祖庙、始祖庙，以上五庙皆每月祭祀一次；高祖以上的远祖之庙叫作祧，天子有两个祧，只是每季祭祀一次；祧中的远祖迁出，则在坛上祭祀；坛上的远祖迁出，则在墠上祭祀；对于迁到坛墠上的远祖神主，只是在有所祈祷时才加以祭祀，无所祈祷就不祭祀；从墠上迁出的远祖叫作鬼。诸侯设立五庙和一坛一墠，即父庙、祖父庙、曾祖庙，以上三庙每月祭祀一次；其高祖庙、始祖庙，每季祭祀一次；从始祖庙中迁出的神主在坛上祭祀，从坛上迁出的远祖神主在墠上祭祀；对于迁到坛墠上的远祖神主，有所祈祷就祭祀，否则就不祭祀；从墠上迁出的远祖叫作鬼。大夫设立三庙二坛，即父庙、祖父庙、曾祖庙，此三庙每季祭祀一次；大夫的高祖、始祖无庙，如果有事向他们祈祷，就在坛上祭之，从坛上迁出的远祖叫作鬼。嫡士设立二庙一坛，即父庙、祖父庙，此二庙每季祭祀一次；其曾祖无庙，如果有事向曾祖祈祷，就在坛上祭之；从坛上迁出的曾祖以上的远祖叫作鬼。官师只立一庙，即父庙；其祖父无庙，如果要祭，就在父庙祭之；祖父以上的祖先死了叫作鬼。普通的士和庶人没有资格立庙，他们的父祖死了就叫作鬼。

## 八、井田制

井田制是中国奴隶制社会的基本土地制度，在夏商时已经出现，周代得到进一步发展。

井田最早见于《孟子》，大意是井田制下的土地为国家共有，由国家将每方里土地按井字形划作九区，分配给农民耕种。中间一区为公田，其余八区为私田。公田带有氏族公有土地的残余性质，由村社成员共同耕种，收获全部上缴国家。私田是村社成员的份地，但私田同公田一样都属于国家所有。井田制下的剥削形式有缴纳贡物、无偿耕种公田等。随着生产力的发展及封建制的确立,井田制在春秋时期逐渐瓦解。

【史料】

1.方里而井,井九百亩,其中为公田。八家皆私百亩,同养公田。公事毕,然后敢治私事……

——《孟子·滕文公章句上》

2.九夫为井,四井为邑,四邑为丘,四丘为甸,四甸为县,四县为都。以任地事而令贡赋。

——《周礼·地官司徒·小司徒》

【史料解析】

由于关于井田制的相关考古资料缺乏,史学界关于是否存在井田制历来众说纷纭。认为古代曾经存在井田制的学术观点,依据的则是上述史料。《孟子·滕文公章句》以论立身处世的出处、气节等为主,也涉及政治,很富有哲理性。《周礼》是儒家经典,世传为周公旦所著,与《仪礼》和《礼记》合称"三礼",通过官制来表达治国方案,内容涉及社会生活的所有方面,包括祭祀、朝觐、封国、巡狩、丧葬等的国家大典,也有如用鼎制度、乐悬制度、车骑制度、服饰制度等的具体规范,还有各种礼器的等级、组合、形制、度数的记载。

【译文】

1.一里为一个井田,一个井田为九百亩,中间一块田土为公田,八家各以一百亩为私田,但要共同料理好公田;把公田的事办完了,然后耕治私田……

2.九夫所受的土地为一井,四井为一邑,四邑为一丘,四丘为一甸,四甸为一县,四县为一都。以(使民)从事土地生产事业,交纳贡赋。

# 第2课　诸侯纷争与变法运动

## 一、商鞅变法

商鞅变法是指战国时期商鞅在秦国秦孝公当政时期进行的富国强兵的改革,主要内容有:废除井田制,把土地授予农民,允许土地买卖;奖励军功,设立军功爵制;重农抑商,奖励耕织;普遍推行郡县制,使县成为直属于国君的地方组织;建立什伍连坐制,加强对社会的控制;统一度量衡……商鞅变法使得秦国封建制度得以巩固和发展。秦国经过变法后迅速强盛起来,但变法中的法律苛重等弊端也留下了负面影响。

【史料】

孝公既用卫鞅,鞅欲变法,恐天下议己。卫鞅曰:"疑行无名,疑事无功。且夫有高人之行者,固见非于世;有独知之虑者,必见敖于民。愚者闇于成事,知者见于未萌。民不可与虑始而可与乐成。论至德者不和于俗,成大功者不谋于众。是以圣人苟可以强国,不法其故；苟可以利民，不循其礼。"……卫鞅曰："治世不一道，便国不法古。故汤武不循古而王，夏殷不易礼而亡。反古者不可非，而循礼者不足多。"孝公曰："善。"以卫鞅为左庶长，卒定变法之令。

令民为什伍，而相牧司连坐。不告奸者腰斩，告奸者与斩敌首同赏，匿奸者与降敌同罚。民有二男以上不分异者，倍其赋。有军功者，各以率受上爵；为私斗者，各以轻重被刑大小。僇力本业，耕织致粟帛多者复其身。事末利及怠而贫者，举以为收孥。宗室非有军功论，不得为属籍。明尊卑爵秩等级，各以差次名田宅，臣妾衣服以家次。有功者显荣，无功者虽富无所芬华。

令既具，未布，恐民之不信，已乃立三丈之木于国都市南门，募民有能徙置北门者予十金。民怪之，莫敢徙。复曰："能徙者予五十金。"有一人徙之，辄予五十金，以明不欺。卒下令。

——《史记·商君列传》

## 【史料解析】

《史记·商君列传》主要记述了商鞅在秦国的变法史实和功过得失，所选史料体现了法家思想的核心主张，并呈现了什伍制、连坐制、军功爵制、重农抑商等政策。商鞅为使变法顺利进行，立木赏金取信于民。此时已进入战国七雄争霸时期，周王室衰微，商鞅顺应历史的潮流，使秦孝公接受法家思想开始变法，也使秦国摆脱了西北偏穷小国的位置，逐渐成为战国七雄中实力最强的国家，为后来秦王朝的统一奠定了坚实的基础。

## 【译文】

孝公任用卫鞅后不久，打算变更法度，又恐怕天下人议论自己。卫鞅说："行动犹豫不决就不会搞出名堂，办事犹豫不决就不会成功。

况且超出常人的行为,本来就常被世俗非议;有独到见解的人,一定会被一般人嘲笑。愚蠢的人事成之后都弄不明白,聪明的人事先就能预见将要发生的事情。不能和百姓谋划新事物的创始,而可以和他们共享成功的欢乐。探讨最高道德的人不与世俗合流,成就大业的人不与一般人共谋。因此,圣人只要能够使国家强盛,就不必沿用旧的成法;只要能够利于百姓,就不必遵循旧的礼制。"……卫鞅说:"治理国家没有一成不变的办法,有利于国家就不用仿效旧法度。所以汤武不沿袭旧法度而能王天下,夏殷不更换旧礼制而灭亡。反对旧法的人不能非难,而沿袭旧礼的人不值得赞扬。"孝公说:"讲得好。"于是任命卫鞅为左庶长,终于制定了变更成法的命令。

下令把十家编成一什,五家编成一伍,互相监视检举,一家犯法,十家连带治罪。不告发奸恶的处以拦腰斩断的刑罚,告发奸恶的与斩敌首级的同样受赏,隐藏奸恶的人与投降敌人受同样的惩罚。一家有两个以上的壮丁不分居的,赋税加倍。有军功的人,各按标准升爵受赏;为私事斗殴的,按情节轻重分别处以大小不同的刑罚。致力于农业生产,让粮食丰收、布帛增产的免除自身的劳役或赋税。因从事工商业及懒惰而贫穷的,把他们的妻子全都没收为官奴。王族里没有军功的,不能列入家族的名册。明确尊卑爵位等级,各按等级差别占有土地、房产,家臣奴婢的衣裳、服饰,按各家爵位等级决定。有军功的显赫荣耀,没有军功的即使很富有也不能显荣。

新法准备就绪后,还没公布,担心百姓不相信,就在国都后边市场的南门竖起一根三丈长的木头,招募百姓中能把木头搬到北门的人赏给十金。百姓觉得这件事很奇怪,没人敢动。又宣布:"能把木头搬到北门的人赏五十金。"有一个人把它搬走了,当下就给了他五十金,借此表明令出必行,绝不欺骗。事后就颁布了新法。

## 二、君主专制中央集权郡县官僚制国家

君主专制中央集权郡县官僚制国家即专制主义中央集权国家,是由专制主义与中央集权组成的制度。专制主义是与民主政体相对立的概念,指一个人或少数几个人独裁的政权组织形式,体现在帝位终身制和皇位世袭制上,其主要特征是皇帝个人的专断独裁,汇集国家最高权力于一身,从决策到行使军政财政大权都具有独断性和随意性。专制主义是决策方式。中央集权是相对于地方分权而言的,其特点是地方政府在政治、经济、军事方面没有独立性,必须严格服从中央政府的命令,一切受制于中央。在中国古代封建社会中专制主义是针对皇权和相权而言的,中央集权是针对中央和地方来讲的。专制主义皇权加强时,往往是中央集权比较有效时;专制主义皇权削弱时,往往也是中央集权衰弱时。

【史料】

丞相绾等言:"诸侯初破,燕、齐、荆地远,不为置王,毋以填之。请立诸子,唯上幸许。"始皇下其议于群臣,群臣皆以为便。廷尉李斯议曰:"周文武所封子弟同姓甚众,然后属疏远,相攻击如仇雠,诸侯更相诛伐,周天子弗能禁止。今海内赖陛下神灵一统,皆为郡县,诸子功臣以公赋税重赏赐之,甚足易制。天下无异意,则安宁之术也。置诸侯不便。"始皇曰:"天下共苦战斗不休,以有侯王。赖宗庙,天下初定,又复立国,是树兵也,而求其宁息,岂不难哉!廷尉议是。"

分天下以为三十六郡,郡置守、尉、监。更名民曰"黔首"。大酺。收天下兵,聚之咸阳,销以为钟鐻,金人十二,重各千石,置廷宫中。

一法度衡石丈尺。车同轨。书同文字。地东至海暨朝鲜，西至临洮、羌中，南至北乡户，北据河为塞，并阴山至辽东。

——《史记·秦始皇本纪》

## 【史料解析】

《史记·秦始皇本纪》以编年记事的形式，记载了秦始皇及秦二世一生的主要活动和这期间所发生的重大事件，真实地再现了秦朝建立前后四十年间风云变幻的历史场面。所选史料集中体现秦统一后在全国范围内实行郡县制、统一交通、统一文字、统一度量衡的情况，反映了专制主义中央集权制度在秦朝确立的部分情况。

## 【译文】

丞相王绾等建议说："各国诸侯刚被消灭，燕、齐、荆地辽远，不在那里立王，就没有人来安定燕、齐、荆。请把皇帝的几个儿子立为王，希望得到皇帝的赞成。"始皇把王绾等人的建议交给群臣讨论，群臣都认为很适宜。廷尉李斯建议说："周文王、周武王所封立的同姓子弟很多，然而后来的族属疏远，互相攻击如同仇敌，诸侯交相讨伐，周天子不能禁止。现在依靠陛下的神灵统一了天下，都划分成为郡县，皇帝的子弟和功臣，都用国家的赋税重加赏赐，很容易治理。天下没有二心，这就是国家安定的方法。封立诸侯是不适宜的。"始皇说："天下苦于无休止的战争，是因为有诸侯王的缘故，依靠宗庙之灵庇佑，刚刚平定了天下，再去建立诸侯国，这是自我树敌，而要求得安宁，岂不是很困难的吗！廷尉的建议是正确的。"

把全国划分为三十六郡，郡设守、尉、监。百姓改称"黔首"。天下欢聚宴饮。收集天下兵器，集中在咸阳，熔铸成钟镰，又铸造了十二个铜人，每一个重一千石，安置在宫廷中。统一法律制度和度量衡标准。规定车子两轮距离相同。书写采用统一的文字。全国地域东至大海和朝鲜,西至临洮、羌中,南至极南地区,北据黄河为屏障,顺着阴山直至辽东。

## 三、孔子

孔子,名丘,字仲尼,鲁国陬邑人,春秋末期著名思想家、教育家和儒家学派的创始人。他建立了以"仁"为核心、以"复礼"为目的的思想体系,作为整个儒家学派的理论基础,创办私学,提倡有教无类。整理《诗》《书》《礼》《易》《乐》(已亡佚)《春秋》六经,成为儒家的基本经典。儒家思想成为主流思想后,孔子被历代封建统治者奉为"圣人"。

【史料】

1.有子曰:"其为人也孝弟,而好犯上者,鲜矣;不好犯上而好作乱者,未之有也。君子务本,本立而道生。孝弟也者,其为仁之本与!"

2.有子曰:"礼之用,和为贵。先王之道,斯为美。小大由之。有所不行。知和而和,不以礼节之,亦不可行也。"

3.子曰:"道之以政,齐之以刑,民免而无耻。道之以德,齐之以礼,有耻且格。"

4.子曰:"为政以德,譬如北辰,居其所而众星共之。"

5.定公问:"君使臣,臣事君,如之何?"孔子对曰:"君使臣以礼,臣事君以忠。"

——《论语》

【史料解析】

《论语》是儒家经典之一，是孔子弟子及其再传弟子关于孔子及其弟子言行的记录。以语录体为主，叙事体为辅，主要记录孔子及其弟子的言行，较为集中地体现了孔子的政治、伦理道德、教育思想。

【译文】

1.有子说："孝顺父母，顺从兄长，而喜好触犯上层统治者，这样的人是很少见的。不喜好触犯上层统治者，而喜好造反的人是没有的。君子专心致力于根本的事务，根本建立了，治国做人的原则也就有了。孝顺父母、顺从兄长，这就是仁的根本啊！"

2.有子说："礼的应用，以和谐为贵。古代君主的治国方法，可宝贵的地方就在这里。但不论大事小事只顾按和谐的办法去做，有的时候就行不通。（这是因为）为和谐而和谐，不以礼来节制和谐，也是不可行的。"

3.孔子说："用法制禁令去引导百姓，使用刑法来约束他们，老百姓只是求得免于犯罪受惩，却失去了廉耻之心；用道德教化引导百姓，使用礼制去统一百姓的言行，百姓不仅会有羞耻之心，而且会守规矩。"

4.孔子说："（周君）以道德教化来治理政事，就会像北极星那样，自己居于一定的方位，而群星都会环绕在它的周围。"

5.鲁定公问孔子:"君主怎样使唤臣下,臣子怎样侍奉君主呢?"孔子回答说:"君主应该按照礼的要求去使唤臣子,臣子应该以忠来侍奉君主。"

## 四、老子

老子,姓李名耳,字聃。春秋末期陈(后入楚)国苦县(古县名)人。道家学派创始人。老子哲学思想的核心是朴素的辩证法,认为事物中总包含着大小、有无、长短等对立的两个方面,而彼此又是互有联系的,还可以相互转化。在政治上,老子主张无为而治、不言之教。其著作《道德经》(又称《老子》)是研究老子思想的主要依据。

【史料】

1.天下皆知美之为美,斯恶已。皆知善之为善,斯不善已。有无相生,难易相成,长短相形,高下相倾,音声相和,前后相随。恒也。是以圣人居无为之事,行不言之教,万物作而弗始也,为而弗志也,功成而弗居也。夫唯弗居,是以弗去。

2.天地不仁,以万物为刍狗;圣人不仁,以百姓为刍狗。天地之间,其犹橐籥(tuó yuè)乎? 虚而不屈,动而愈出。多言数穷,不如守中。

3.道生一,一生二,二生三,三生万物。万物负阴而抱阳,冲气以为和。人之所恶,唯孤、寡、不谷,而王公以为称。故物或损之而益,或益之而损。

——《道德经》

**【史料解析】**

《道德经》，春秋时期老子（李耳）的哲学作品，又称《道德真经》《老子》《五千言》《老子五千文》，是中国古代先秦诸子分家前的一部著作，是道家哲学思想的重要来源。

**【译文】**

1.天下人都知道美之所以为美，那是由于有丑陋的存在。都知道善之所以为善，那是因为有恶的存在。所以有和无互相转化，难和易互相形成，长和短互相显现，高和下互相充实，音与声互相谐和，前和后互相接随——这是永恒的。因此圣人用无为的观点对待世事，用不言的方式施行教化：听任万物自然兴起而不为其创始，有所施为，但不加自己的倾向，功成业就而不自居。正由于不居功，就无所谓失去。

2.天地是无所谓仁慈的，它没有仁爱，对待万事万物就像对待刍狗一样，任凭万物自生自灭。圣人也是没有仁爱的，也同样像对诗刍狗那样对待百姓，任凭人们自作自息。天地之间，岂不像个风箱一样吗？它空虚而不枯竭，越鼓动风就越多，生生不息。政令繁多反而更加使人困惑，不如保持虚静。

3.道是万物的本源，包含阴阳二气，阴阳互动，产生万物。万物背阴而向阳，并且因阴阳二气的互相激荡而成新的和谐体。人们最厌恶的就是"孤""寡""不谷"，但王公却用这些字来称呼自己。所以一切事物，如果减损它反而得到增加，如果增加它反而得到减损。

## 五、孟子

孟子,名轲,战国中期邹国人。他发展了孔子的学说,倡导性善论、仁政说,在儒学的发展史上有重要的地位。

【史料】

梁惠王曰:"晋国,天下莫强焉,叟之所知也。及寡人之身,东败于齐,长子死焉;西丧地于秦七百里;南辱于楚。寡人耻之,愿比死者一洒之,如之何则可?"

孟子对曰:"地方百里而可以王。王如施仁政于民,省刑罚,薄税敛,深耕易耨。壮者以暇日修其孝悌忠信,入以事其父兄,出以事其长上,可使制梃以挞秦楚之坚甲利兵矣。彼夺其民时,使不得耕耨以养其父母,父母冻饿,兄弟妻子离散。彼陷溺其民,王往而征之,夫谁与王敌?故曰:'仁者无敌。'王请勿疑!"

——《孟子》

【史料解析】

《孟子》是中国儒家典籍中的一部,记录了战国时期思想家孟子的治国思想和政治策略,是孟子和他的弟子记录并整理而成的。

【译文】

惠王说:"魏国曾一度在天下称强,这是老先生您知道的。可是到了我这时候,东边被齐国打败,连我的大儿子都死掉了;西边丧失了七百里土地给秦国;南边又受楚国的侮辱。我为这些事感到非常羞耻,希望替所有的死难者报仇雪恨,我要怎样做才行呢?"

孟子回答说:"只要有方圆一百里的土地就可以使天下归服。大王如果对老百姓施行仁政,减免刑罚,少收赋税,深耕细作,及时除草;让身强力壮的人抽出时间修养孝顺、尊敬、忠诚、守信的品德,在家侍奉父母兄长,出门尊敬长辈上级,这样就是让他们制作木棒也可以打击那些拥有坚实盔甲、锐利刀枪的秦楚军队了。因为那些秦国、楚国的执政者剥夺了老百姓的生产时间,使他们不能够深耕细作来赡养父母。父母受冻挨饿,兄弟妻子东离西散。他们使老百姓陷入深渊之中,大王去征伐他们,有谁来和您抵抗呢? 所以说:'施行仁政的人是无敌于天下的。'大王请不要疑虑!"

## 六、荀子

荀子,名况,字卿,战国末年赵国人。其一生主要的活动是在齐国稷下学宫治学,曾三任"祭酒"。荀子倡性恶和君民舟水关系之论,主张制礼明分,发挥了孔子"齐之以礼"的思想。晚年任兰陵令,著有《荀子》三十二篇。

【史料】

礼者,所以正身也;师者,所以正礼也。无礼何以正身? 无师吾安知礼之为是也? 礼然而然,则是情安礼也;师云而云,则是知若师也。情安礼,知若师,则是圣人也。故非礼,是无法也;非师,是无师也。不是师法,而好自用,譬之是犹以盲辨色,以聋辨声也,舍乱妄无为也。故学也者,礼法也。夫师以身为正仪,而贵自安者也。诗云:"不识不知,顺帝之则。"此之谓也。

··········

天行有常,不为尧存,不为桀亡。应之以治则吉,应之以乱则凶。

强本而节用，则天不能贫；养备而动时，则天不能病；修道而不贰，则天不能祸。故水旱不能使之饥，寒暑不能使之疾，袄怪不能使之凶。本荒而用侈，则天不能使之富；养略而动罕，则天不能使之全；倍道而妄行，则天不能使之吉。故水旱未至而饥，寒暑未薄而疾，袄怪未至而凶，受时与治世同，而殃祸与治世异，不可以怨天，其道然也。故明于天人之分，则可谓至人矣。

——《荀子》

【史料解析】

《荀子》一书为战国末期赵人荀况及其弟子所著。荀况本为孙氏，故此书又称《孙卿对书》或《孙卿子》。西汉刘向整理时定为三十二篇，它们大致可分为三类：一类是荀子亲手所著的二十二篇；一类是荀子弟子所记录的荀子言行，共五篇；一类是荀子及弟子所引用的材料，共五篇。前两类是研究荀子思想的直接材料，是《荀子》一书的主体。节选史料体现了荀子的核心政治思想和哲学观点。

【译文】

礼法，是用来端正自身的行为的；老师，是用来正确解释礼法的。没有礼法，怎么能够端正身心呢？没有老师，又怎能知道礼义是正确的呢？礼法怎样规定就怎样去做，这就是性情习惯于按照礼的要求去做；老师怎么说就怎么说，这就是理智顺从老师。性情习惯于遵礼而行，理智顺从老师，这就是圣人了。所以，违背了礼法，就是无视法度；违背了老师，就是无视老师。不遵照老师的教导，违背礼法，喜欢自以为是，这就好像用盲人去分辨颜色，用聋子去分辨声音，除了胡说妄为是不会干出什么好事来的。所以，学习就是学礼法，老师要以身作则，而且要安心于这样做。《诗经》说："不知不觉，顺应天帝的法则。"说的就是这种情况。

…………

　　大自然的规律永恒不变,它不为尧而存在,不为桀而灭亡。用导致安定的措施去适应它就吉利,用导致混乱的措施去适应它就凶险。加强农业这个根本而节约费用,那么天就不能使他贫穷;衣食给养齐备而活动适时,那么天就不能使他生病;遵循规律而不出差错,那么天就不能使他遭殃。所以水涝旱灾不能使他挨饿,严寒酷暑不能使他生病,自然界的反常变异不能使他遭殃。农业这个根本荒废而用度奢侈,那么天就不能使他富裕;衣食给养不足而活动又少,那么天就不能使他保全健康;违背规律而恣意妄为,那么天就不能使他吉利。所以水涝旱灾还没有来到他就挨饿了,严寒酷暑还没有迫近他就生病了,自然界的反常变异还没有出现他就遭殃了。他遇到的天时和社会安定时期相同,而灾祸却与社会安定时期不同,这不可以埋怨上天,这是他所采取的措施造成的。所以明白了大自然与人类社会的区分,就可以称作是思想修养达到最高境界的人了。

## 七、庄子

　　庄子,名周,宋国蒙人,战国时期道家的代表人物。其思想保留在《庄子》中。庄子的哲学思想是唯心的,他认为"道"是天地万物的本原,而"道"又是看不见摸不着的。他主张人生在世,应该寡欲无为,将成败、荣辱、生死置之度外。

【史料】

　　1.夫天下莫大于秋毫之末,而太山为小;莫寿乎殇子,而彭祖为夭。天地与我并生,而万物与我为一。既已为一矣,且得有言乎? 既已谓之一矣,且得无言乎?……无适焉,因是已!

——《庄子·齐物》

2.若夫乘天地之正,而御六气之辩,以游无穷者,彼且恶乎待哉!故曰:至人无己,神人无功,圣人无名。

——《庄子·逍遥游》

【史料解析】

《庄子》又名《南华经》,是战国中期庄子及其后学所著道家经文。到了汉代以后,庄子被尊为南华真人,因此《庄子》亦称《南华经》。《庄子》一书博大精深,涉及哲学、人生、政治、社会、艺术、宇宙生成论等诸多方面,想象奇幻,构思巧妙,文笔汪洋恣肆,具有浪漫主义的艺术风格,不失为先秦诸子文章的典范之作。

【译文】

1.天底下如果没有什么东西是比秋天动物毛发的末端还要大的话,那么泰山也是小的;世上没有什么人比夭折的孩子更长寿,而传说中年寿最长的彭祖却是短命的。天地与我共生,万物与我为一体。既然已经浑然一体,还能够有什么看法? 既然已经称作一体,还能够有什么议论和看法? ……还是顺应事物的本身规律吧。

2.至于遵循宇宙万物的规律,把握"六气"的变化,遨游于无穷无尽的境域,他还仰赖什么呢! 因此说,道德修养高尚的"至人"能够达到忘我的境界,精神世界完全超脱物外的"神人"心目中没有功名和事业,思想修养臻于完美的"圣人",从不去追求名誉和地位。

## 八、韩非子

韩非子,战国末期韩国人。他将商鞅的"法"、申不害的"术"和慎到的"势"糅合为一,并且吸收老子的辩证法、朴素唯物主义,将法家理论系统化,是法家思想发展史上的集大成者。韩非子主张加强君主集权,例行赏罚,奖励耕战。他提出了"不期修古,不法常可""事异则备变"的主张。

【史料】

1.爱臣太亲,必危其身;人臣太贵,必易主位;主妾无等,必危嫡子;兄弟不服,必危社稷;臣闻千乘之君无备,必有百乘之臣在其侧,以徙其民而倾其国;万乘之君无备,必有千乘之家在其侧,以徙其威而倾其国。是以奸臣蕃息,主道衰亡。是故诸侯之博大,天子之害也;群臣之太富,君主之败也。将相之管主而隆家,此君人者所外也。万物莫如身之至贵也,位之至尊也,主威之重,主势之隆也。此四美者,不求诸外,不请于人,议之而得之矣。故曰:人主不能用其富,则终于外也。此君人者之所识也。

——《韩非子·爱臣》

2.明主之国,令者,言最贵者也;法者,事最适者也。言无二贵,法不两适,故言行而不轨于法令者必禁。

——《韩非子·问辩》

【史料解析】

《韩非子》是战国时期著名思想家、法家韩非子的著作总集。全书由五十五篇独立的论文集辑而成,里面的典故大都出自韩非子。该书在先秦诸子中具有独特的风格,思想犀利,文字峭刻,逻辑严密,善用寓言。其学说的核心是以君主专制为基础的法、术、势结合思想,秉持进化论的历史观,主张极端的功利主义,对秦汉以后中国封建社会制度的建立产生了重大影响。

**【译文】**

1.宠臣过于亲近,必定危及君身;臣子地位太高,必定取代君位;妻妾不分等级,必定危及嫡子;君主兄弟之间互不服气,必定危害国家。我听说千乘小国的国君没有防备,必定有拥有百乘兵车的臣子窥视在侧,准备掠夺他的百姓,颠覆他的国家;万乘大国的国君没有防备,必定有千乘之国的大夫窥视在侧,准备夺取他的权势,颠覆他的国家。因此奸臣势力扩张,君主权势就会消亡。因此诸侯强大是天子的祸害,群臣太富是君主的失败。将相控制君主使私家兴盛,这是君主应排斥的。万事万物中,没有比君身更高贵、比君位更尊崇、比君威更强大、比君权更隆盛的。这四种美好的东西,不借助于外界,不求助于别人,处理恰当就都得到了。所以说:君主不能使用他的财富,最终将会被排斥在外,这是统治者要牢记的。

2.在明君的国家里,命令是最尊贵的言辞,而法律是处理政事的最高准则。除命令外,没有第二种尊贵的言辞;除法律外,没有第二种行事的准则;所以言论和行动不合乎法令的必须禁止。

## 九、墨子

墨子,名翟,春秋末期战国初期宋国人,墨家学派的创始人。墨子提倡"兼相爱,交相利",谴责当时各国之间的攻战,主张节俭,反对浪费。在政治上墨子主张要"尚贤"和"尚同",反映出小生产者思想的特点。墨家学派纪律严明,墨学在战国时期成为显学,随着儒学成为汉代官方正统学说,逐渐湮没。

**【史料】**

1.若使天下兼相爱,爱人若爱其身,犹有不孝者乎?视父兄与君若其身,恶施不孝?犹有不慈者乎?视弟子与臣若其身,恶施不慈?故不孝不慈亡有。犹有盗贼乎?故视人之室若其室,谁窃?视人身若其身,谁贼?故盗贼亡有。犹有大夫之相乱家、诸侯之相攻国者乎?视人家若其家,谁乱?视人国若其国,谁攻?故大夫之相乱家、诸侯之相攻国者亡有。若使天下兼相爱,国与国不相攻,家与家不相乱,盗贼无有,君臣父子皆能孝慈,若此,则天下治。

——《墨子·兼爱》

2.杀一人,谓之不义,必有一死罪矣。若以此说往,杀十人,十重不义,必有十死罪矣;杀百人,百重不义,必有百死罪矣。当此,天下之君子皆知而非之,谓之不义。今至大为不义攻国,则弗知非,从而誉之,谓之义,情不知其不义也,故书其言以遗后世。若知其不义也,夫奚说书其不义以遗后世哉?今有人于此,小见黑曰黑,多见黑曰白,则必以此人为不知白黑之辩矣;少尝苦曰苦,多尝苦曰甘,则必以此人为不知甘苦之辩矣。今小为非,则知而非之;大为非攻国,则不知非,从而誉之,谓之义。此可谓知义与不义之辩乎?是以知天下之君子也,辩义与不义之乱也。

——《墨子·非攻》

3.故古者圣王之为政,列德而尚贤。虽在农与工肆之人,有能则举之。高予之爵,重予之禄,任之以事,断予之令。曰:"爵位不高,则民弗敬;蓄禄不厚,则民不信;政令不断,则民不畏。"举三者授之贤者,非为贤赐也,欲其事之成。故当是时,以德就列,以官服事,以劳殿赏,量功而分禄。……有能则举之,无能则下之。

——《墨子·尚贤》

4.正长既已具,天子发政于天下之百姓,言曰:"闻善而不善,皆以告其上。上之所是,必皆是之,所非,必皆非之。上有过则规谏之,下有善则傍荐之。上同而不下比者,此上之所赏而下之所誉也。意若闻善而不善,不以告其上;上之所是弗能是,上之所非弗能非;上有过弗规谏,下有善弗傍荐;下比不能上同者,此上之所罚而百姓所毁也。"上以此为赏罚,甚明察以审信。

——《墨子·尚同》

5.民有三患,饥者不得食,寒者不得衣,劳者不得息,三者民之巨患也。然即当为之撞巨钟、击鸣鼓、弹琴瑟、吹竽笙而扬干戚,民衣食之财,将安可得乎? 即我以为未必然也。

——《墨子·非乐》

【史料解析】

《墨子》是战国百家中墨家的经典,提倡兼爱、非攻、尚贤、尚同、天志、明鬼、非命、非乐、节葬、节用,涉及哲学、逻辑学、军事学、工程学、力学、几何学、光学,先秦的科学技术成就大都依赖《墨子》以传。现存《墨子》一书,由墨子自著和弟子记述墨子言论两部分组成,文章由小及大、连类比譬、逐层推理,语言质朴无华,遣词造句口语化。上述史料分别体现了兼爱、非攻、尚贤、尚同、节用的主张。

【译文】

1.假若天下都能相亲相爱,爱别人就像爱自己,还能有不孝的吗?看待父亲、兄弟和君上像自己一样,怎么会做出不孝的事呢?还会有不慈爱的吗?看待弟弟、儿子与臣下像自己一样,怎么会做出不慈的事呢?所以不孝不慈都没有了。还有盗贼吗?看待别人的家像自己的家一样,谁会盗窃?看待别人就像自己一样,谁会害人?所以盗贼没有了。还有大夫相互侵扰家族,诸侯相互攻伐封国的吗?看待别人的家族就像自己的家族,谁会侵犯?看待别人的封国就像自己的封国,谁会攻伐?所以大夫相互侵扰家族,诸侯相互攻伐封国,都没有了。假若天下的人都相亲相爱,国家与国家不相互攻伐,家族与家族不相互侵扰,盗贼没有了,君臣父子间都能孝敬慈爱,像这样,天下也就治理了。

2.杀掉一个人,叫作不义,必定有一项死罪。假如按照这种说法类推,杀掉十个人,有十倍不义,则必然有十重死罪了;杀掉百个人,有百倍不义,则必然有百重死罪了。对这种(罪行),天下的君子都知道指责它,称它不义。现在对攻伐别人的国家这种大为不义之事,却不知道指责其错误,反而跟着称赞它为义举。他们确实不懂得那是不义的,所以记载那些称赞攻国的话遗留给后代。倘若他们知道那是不义的,又有什么理由解释记载这些不义之事,用来遗留给后代呢?现在有人在这里,见一点黑说是黑,见一片黑却说是白,那么一定以为这人是不知黑白的区别了;尝一点苦说苦,尝多了苦却说是甜,那么一定以为这个人是不知苦甜的区别了。现在有人一干小的坏事,君子们就知道而且谴责它;而有人干大的坏事,攻打别国,君子们却不知道谴责,反而称赞它,说它是义。这能说懂得义与不义的区别吗？由此可知世上的君子,分辨义与不义是多么混乱啊。

3.所以古时圣王为政,任德尊贤,即使是从事农业或手工、经商的人,有能力的就选拔他,给他高爵,给他厚禄,给他任务,给他权力。即是说:"如果爵位不高,民众对他就不会敬重;俸禄不厚,民众对他就不信任;如果行使政令不果断,民众对他就不畏惧。"拿这三种东西给贤人,并不是对贤人予以赏赐,而是要把事情办成。所以在这时,根据德行任官,根据官职授权,根据功劳定赏,按功劳大小颁发俸禄。……有能力的就举用他,没有能力的就罢黜他。

4.行政长官已经设立之后,天子就向天下的百姓发布政令,说道:"你们听到善和不善,都要报告给上面。上面认为是对的,大家都必须认为对;上面认为是错的,大家都必须认为错。上面有过失,就应该规谏,下面有好人好事,就应当广泛地推荐给国君。是非与上面一致,而不与下面勾结,这是上面所赞赏,下面所称誉的。假如听到善与不善,却不向上面报告;上面认为对的,也不认为对,上面认为错的,也不认为错;上面有过失不能规谏,下面有好人好事不能广泛地向上面推荐;与下面勾结而不与上面一致,这是上面所要惩罚,也是百姓所要非议的。"上面根据这些方面来行使赏罚,就必然十分审慎、可靠。

5.民众有三种忧患:饥饿的人得不到食物,寒冷的人得不到衣服,劳累的人得不到休息。这三样是民众的最大忧患。然而当为他们撞击巨钟,敲打鸣鼓,弹琴瑟,吹竽笙,舞动干戚,民众的衣食财物将能得到吗?我认为未必是这样。

## 十、孙武

孙武,字长卿,春秋末期齐国乐安人,著名的军事家、政治家,被后世尊称为兵圣或孙子。其所著《孙子兵法》十三篇,为后世兵法家所推崇,被誉为"兵学圣典",置于"武经七书"之首。他撰著的《孙子兵法》在中国乃至世界军事史、军事学术史和哲学思想史上都占有极为重要的地位,并在政治、经济、军事、文化、哲学等领域被广泛运用。

【史料】

故经之以五事,校之以计,而索其情:一曰道,二曰天,三曰地,四曰将,五曰法。道者,令民与上同意也,故可以与之死,可以与之生,而不畏危。天者,阴阳、寒暑、时制也。地者,远近、险易、广狭、死生也。将者,智、信、仁、勇、严也。法者,曲制、官道、主用也。凡此五者,将莫不闻,知之者胜,不知者不胜。故校之以计,而索其情,曰:主孰有道?将孰有能?天地孰得?法令孰行?兵众孰强?士卒孰练?赏罚孰明?吾以此知胜负矣。

——《孙子兵法》

【史料解析】

《孙子兵法》又称《孙武兵法》,是中国现存最早的兵书,也是世界上最早的军事著作,被誉为"兵学圣典"。有六千字左右,一共十三篇。作者为春秋时祖籍齐国乐安的吴国将军孙武。本书内容博大精深,思想精邃富赡,逻辑缜密严谨,是古代军事思想精华的集中体现。

## 【译文】

应该以五个方面的情况为纲要,通过具体比较双方的基本条件来探讨战争胜负的情形:一是"道",二是"天",三是"地",四是"将",五是"法"。所谓"道",就是从政治上使民众与君主保持思想一致,这样,民众就能与君主同生死共患难,毫无二心。所谓"天",就是气候的阴晴、寒暑、四季节令的更替规律等。所谓"地",就是指行程的远近、地势的险峻或平易、战地的广狭、是死地还是生地等。所谓"将",就是看将领们是否具备智、信、仁、勇、严五种素质。所谓"法",就是指部队的组织编制制度、军官的职责范围规定、军需物资的供应管理等。大凡这五个方面,将领们没有谁没听说过,但只有透彻掌握了的人才能取胜,没有透彻掌握的人则不能取胜。因而,还要通过比较双方的具体条件来探究战争胜负的情形。这些条件是:双方君主哪一方施政清明、有道? 将领哪一方更有才能? 天时、地利哪一方占得多? 军中法令哪一方执行得好? 兵力哪一方更强大? 士兵哪一方更训练有素? 奖赏与惩罚哪一方更严明? 我凭着对这些情况的分析比较,就可知道战争胜负的情形了。

# 第3课  秦统一多民族封建国家的建立

## 一、皇帝制

皇帝制度是指中国古代社会以皇帝为中心,实行皇权至上和皇权专制的政治制度。公元前 221 年由秦始皇创立，历代王朝对该制度不断发展、强化。中国古代皇帝制度以君权神授学说为理论基础，用严格的名位等级、礼乐制度和皇位继承等各种规定和措施，集中突出皇帝个人的权威地位。皇帝制包括皇权至上、皇权独尊、皇位世袭三大特点。

【史料】

丞相绾、御史大夫劫、廷尉斯等皆曰："昔者五帝地方千里，其外侯服夷服诸侯或朝或否，天子不能制。今陛下兴义兵，诛残贼，平定天下，海内为郡县，法令由一统，自上古以来未尝有，五帝所不及。臣等谨与博士议曰：'古有天皇，有地皇，有泰皇，泰皇最贵。'臣等昧死上尊号，王为'泰皇'。命为'制'，令为'诏'，天子自称曰'朕'。"王曰："去'泰'，着'皇'，采上古'帝'位号，号曰'皇帝'。他如议。"制曰："可。"追尊庄襄王为太上皇。制曰："朕闻太古有号毋谥，中古有号，死而以行为谥。如此，则子议父，臣议君也，甚无谓，朕弗取焉。自今已来，除谥法。朕为始皇帝。后世以计数，二世三世至于万世，传之无穷。"

——《史记·秦始皇本纪》

【史料解析】

《秦始皇本纪》出自《史记》卷六，这篇本纪以编年记事的形式，记载了秦始皇及秦二世一生的主要活动及他们在位期间所发生的重大事件，条理清晰，内容丰富，真实地反映了秦朝建立前后四十年间风云变幻的历史场面。所选史料展现了秦始皇即位之初定下名号的史实。

## 【译文】

丞相王绾、御史大夫冯劫、廷尉李斯等都说:"过去五帝管辖千里见方的地区,在这个地区之外的侯服、夷服,有的诸侯朝贡,有的诸侯不朝贡,天子不能控制。现在陛下调遣义军,诛暴讨贼,平定天下,四海之内,设置郡县,统一法令,这是从上古以来所没有过的,五帝也望尘莫及。我们谨慎地和博士讨论,都说:'古代有天皇,有地皇,有泰皇,泰皇最高贵。'我们冒着死罪献上尊号,王称为'泰皇'。天子之命称为'制',天子之令称为'诏',天子自称'朕'。"秦王说:"去掉'泰'字,留下'皇'字,采用上古表示地位称号的'帝'字,叫作'皇帝'。其他遵照议定的意见。"(对已经决定了的名号)下达制命说:"可以。"追尊庄襄王为太上皇。皇帝下达制命说:"我听说远古有称号,没有谥号,中古有称号,死后根据生前行迹确定谥号。这样做,就是儿子议论父亲,臣子议论君王,很没有意义,我不采取这种做法。从此以后,废除谥法。我是始皇帝。子孙后代用数计算,从二世、三世至于万世,传袭无穷。"

## 二、焚书坑儒

公元前 213 年,秦始皇采纳丞相李斯建议,下令焚烧《秦纪》以外的列国史记,医药、卜筮、种树之书除外,其他不属于博士官所藏的《诗》《书》等限期交出烧毁。禁止私学,欲学法令的以吏为师。私自谈论《诗》《书》的处死,以古非今的灭族。次年,查出犯禁的方士、儒生 460 多人,全部坑杀于咸阳。

## 【史料】

始皇置酒咸阳宫,博士七十人前为寿。仆射周青臣进颂曰:"他时秦地不过千里，赖陛下神灵明圣，平定海内，放逐蛮夷，日月所照，莫不宾服。以诸侯为郡县，人人自安乐，无战争之患，传之万世。自上古不及陛下威德。"始皇悦。博士齐人淳于越进曰："臣闻殷周之王千余岁，封子弟功臣，自为枝辅。今陛下有海内，而子弟为匹夫，卒有田常、六卿之臣，无辅拂，何以相救哉？事不师古而能长久者，非所闻也。今青臣又面谀以重陛下之过，非忠臣。"始皇下其议。丞相李斯曰："五帝不相复，三代不相袭，各以治，非其相反，时变异也。今陛下创大业，建万世之功，固非愚儒所知。且越言乃三代之事，何足法也？异时诸侯并争，厚招游学。今天下已定，法令出一，百姓当家则力农工，士则学习法令辟禁。今诸生不师今而学古，以非当世，惑乱黔首。丞相臣斯昧死言：古者天下散乱，莫之能一，是以诸侯并作，语皆道古以害今，饰虚言以乱实，人善其所私学，以非上之所建立。今皇帝并有天下，别黑白而定一尊。私学而相与非法教，人闻令下，则各以其学议之，入则心非，出则巷议，夸主以为名，异取以为高，率群下以造谤。如此弗禁，则主势降乎上，党与成乎下。禁之便。臣请史官非秦记皆烧之。非博士官所职，天下敢有藏《诗》《书》、百家语者，悉诣守、尉杂烧之。有敢偶语《诗》《书》者弃市。以古非今者族。吏见知不举者与同罪。令下三十日不烧，黥为城旦。所不去者，医药卜筮种树之书。若欲有学法令，以吏为师。"制曰："可。"

——《史记·秦始皇本纪》

【史料解析】

《秦始皇本纪》出自《史记》卷六，这篇本纪以编年记事的形式，记载了秦始皇及秦二世一生的主要活动及他们在位期间所发生的重大事件，条理清晰，内容丰富，真实地反映了秦朝建立前后四十年间风云变幻的历史场面。所选史料展现了秦始皇焚书坑儒历史的来龙去脉。

## 【译文】

始皇在咸阳宫摆酒设宴,七十个博士上前敬酒祝寿。仆射周青臣颂扬说:"从前秦国的地域不超过一千里,依靠陛下神灵圣明,平定了天下,驱逐了蛮夷,日月所能照到的地方,没有不降服的。把各国诸侯的领土置为郡县,人人安居乐业,没有战争之忧,这功业可以流传万世,从远古以来没有人赶得上陛下的威德。"始皇很高兴。博士齐人淳于越进谏说:"我听说殷周称王天下一千多年,分封子弟和功臣,作为自己的辅助势力。现在陛下拥有天下,而子弟却是平民百姓,偶然出现田常、六卿一样的臣属,无人辅佐,靠什么来挽救呢?事情不效法古代而能长久不败的,我没有听到过。如今周青臣当面阿谀,来加深陛下的过错,实在不是忠臣。"始皇把他们的建议交下去讨论。丞相李斯说:"五帝的制度不互相重复,三代的制度不互相因袭,各自都得到治理,不是后代一定要与前代相反,这是时代变化的缘故。如今陛下开创了伟大的事业,建立了万世不朽的功勋,本来不是愚蠢的读书人所能理解的。况且淳于越说的又是三代的事情,有什么可效法的?从前诸侯竞争,用优厚的待遇招揽游学之士。现在天下已经平定,颁布统一的法令,百姓在家则努力从事农业生产和家庭手工业,士人则学习法律禁令。如今这些读书人不向现实学习,而去模仿古代,来指责现行的社会制度,惑乱百姓。我丞相李斯冒着死罪说:古代天下分散混乱,不能统一,所以诸侯同时兴起,人们的言论都称道古代,损害现行的政策,文饰虚言空语,搅乱事物的本来面貌,每人都以为自己的学说是最完善的,非议君主所建立的制度。现在皇帝兼并了天下,分辨是非,确立了至高无上的地位。(而人们仍在)私自传授学问,一起批评国家的法令教化,听到法令下达,就各用自己的学说去议论,回家时在心里非难,出来时街谈巷议,在君主面前自我吹嘘,以此来沽名钓誉,标新立异,认为超人一等,带着下面的一群信徒编造诽言谤语。这种情况不加以禁止,上则君主的权威下降,下则形成党徒互相勾结。禁止出现这种情况才是合适的。我希望史官把不是秦国的典籍全部烧掉。不是博士官所主管的,国内敢有收藏《诗》《书》、诸子百家著作的,都要送到郡守、郡尉那里焚毁。有敢相互私语《诗》《书》的,在闹市处死示众。以古非今的要杀死全族。官吏知情而不检举的,和他同罪。命令下达三十天不烧掉书籍,就在脸部刺上字,成为刑徒城旦。不用烧毁的,只有医药、卜筮、农林方面的书籍。如果想要学法令,可以到官吏那里学习。"始皇下达命令说:"可以照此办理。"

## 三、郡县制

郡县制是中国古代继宗法血缘分封制度之后出现的以郡统县的两级地方行政制度,几乎贯穿整个封建时代,是中央垂直管理,官员由中央直接任免的流官任期制,使地方处在中央的管辖之下,有利于中央集权的加强和国家统一。县制起源于春秋时期的楚国;郡制起源于秦国;经过历代法家代表的改革,最终成型于秦汉时期。

【史料】

丞相绾等言:"诸侯初破,燕、齐、荆地远,不为置王,毋以填之。请立诸子,唯上幸许。"始皇下其议于群臣,群臣皆以为便。廷尉李斯议曰:"周文武所封子弟同姓甚众,然后属疏远,相攻击如仇雠,诸侯更相诛伐,周天子弗能禁止。今海内赖陛下神灵一统,皆为郡县,诸子功臣以公赋税重赏赐之,甚足易制。天下无异意,则安宁之术也。置诸侯不便。"始皇曰:"天下共苦战斗不休,以有侯王。赖宗庙,天下初定,又复立国,是树兵也,而求其宁息,岂不难哉! 廷尉议是。"分天下以为三十六郡,郡置守、尉、监。

——《史记·秦始皇本纪》

## 【史料解析】

《秦始皇本纪》出自《史记》卷六,这篇本纪以编年记事的形式,记载了秦始皇及秦二世一生的主要活动及他们在位期间所发生的重大事件,条理清晰,内容丰富,真实地反映了秦朝建立前后四十年间风云变幻的历史场面。史料呈现了秦国建国初期朝廷内部关于分封制和郡县制的论争。

## 【译文】

丞相王绾等建议说:"各国诸侯刚被消灭,燕、齐、荆地辽远,不在那里立王,就没有人来安定燕、齐、荆。请把皇帝的几个儿子立为王,希望得到皇帝的赞成。"始皇把王绾等人的建议交给群臣讨论,群臣都认为很适宜。廷尉李斯建议说:"周文王、周武王所封立的同姓子弟很多,然而后来的族属疏远,互相攻击如同仇敌,诸侯交相讨伐,周天子不能禁止。现在依靠陛下的神灵统一了天下,都划分成为郡县,皇帝的子弟和功臣,都用国家的赋税重加赏赐,(这种局面)很容易治理。天下没有二心,这就是国家安定的方法。封立诸侯是不适宜的。"始皇说:"天下苦于无休止的战争,是因为有诸侯王的缘故,依靠宗庙之灵,刚刚平定了天下,再去建立诸侯国,这是自我树敌,而要求得安宁,岂不是很困难的吗! 廷尉的建议是正确的。"把全国划分为三十六郡,郡设守、尉、监。

## 四、楚汉战争

秦灭亡后，原反秦领袖刘邦和项羽为争夺统治权进行了长达四年的战争，史称"楚汉之争"，后项羽失利，兵败乌江自刎，刘邦建立了西汉王朝。

【史料】

项王军壁垓下，兵少食尽，汉军及诸侯兵围之数重。夜闻汉军四面皆楚歌，项王乃大惊曰："汉皆已得楚乎？是何楚人之多也！"项王则夜起，饮帐中。有美人名虞，常幸从；骏马名骓，常骑之。于是项王乃悲歌慷慨，自为诗曰："力拔山兮气盖世，时不利兮骓不逝。骓不逝兮可奈何，虞兮虞兮奈若何！"歌数阕，美人和之。项王泣数行下，左右皆泣，莫能仰视。

············

于是项王乃欲东渡乌江。乌江亭长舣船待，谓项王曰："江东虽小，地方千里，众数十万人，亦足王也。愿大王急渡。今独臣有船，汉军至，无以渡。"项王笑曰："天之亡我，我何渡为！且籍与江东子弟八千人渡江而西，今无一人还，纵江东父兄怜而王我，我何面目见之？纵彼不言，籍独不愧于心乎？"乃谓亭长曰："吾知公长者。吾骑此马五岁，所当无敌，尝一日行千里，不忍杀之，以赐公。"乃令骑皆下马步行，持短兵接战。独籍所杀汉军数百人。项王身亦被十余创。顾见汉骑司马吕马童，曰："若非吾故人乎？"马童面之，指王翳曰："此项王也。"项王乃曰："吾闻汉购我头千金，邑万户，吾为若德。"乃自刎而死。

——《史记·项羽本纪》

## 【史料解析】

《项羽本纪》为《史记》卷七,是关于楚霸王项羽的本纪,通过叙述秦末农民大起义和楚汉之争的宏阔历史场面,生动而又深刻地描述了项羽一生。所选史料再现了楚汉战争后期的四面楚歌和兵败乌江的场景。

## 【译文】

项王的军队筑垒垓下,兵少粮尽,汉军和各路诸侯军队把它重重包围起来。夜晚听到四面的汉军唱的都是楚地歌曲,项王大为震惊地说:"汉军已经全部占领了楚国吗?为什么楚国人如此众多啊?"项王夜间起来在帐幕里饮酒。有一个名叫虞姬的美人,得到项王的宠爱,常常带在身边。有一匹叫骓的骏马,项王经常骑着它。于是项王慷慨悲歌,自己作诗唱道:"力拔山兮气盖世,时不利兮骓不逝。骓不逝兮可奈何,虞兮虞兮奈若何!"唱了好几遍,美人跟着他一起唱。项王悲泣,泪下数行,左右侍从也都俯首哭泣,(悲痛得)不能抬头仰视。

⋯⋯⋯⋯⋯⋯

项王想要向东渡过乌江。乌江亭长把船靠在岸边等待着项王。他对项王说:"江东虽小,地方也纵横上千里,民众数十万,也足以称王。希望大王赶快渡江。现在只有我有船只,汉军来到这,没有船只渡江。"项王笑着说:"上天要灭亡我,我渡江干什么呢!况且我和江东子弟八千人渡江西进,现在没有一个人回来,即使江东父兄怜悯我,让我称王,我有什么脸面去见他们?即使他们不说什么,我项籍难道能无愧于心吗?"(最后)项王对亭长说:"我知道你是个忠厚长者。我骑这匹马五年了,所向无敌,曾经一天奔驰一千里,不忍心杀了它,把它送给你吧。"就叫骑兵都下马步行,持短兵接战。单单项籍一人就杀死汉军几百人。项王身上也受了十多处伤。他回头看见汉军的骑司马吕马童,说:"你不是我的老朋友吗?"吕马童背对项王,指给王翳说:"这就是项王。"项王说:"我听说汉军用一千斤黄金、一万户封邑来购买我的头,我为你做件好事吧。"就自刎而死。

# 第4课　西汉与东汉——统一多民族封建国家的巩固

## 一、文景之治

文景之治是指西汉文、景二帝时经过休养生息后出现的治世局面。汉初经济残破、百废待兴,文、景二帝推崇黄老之术,采取"与民休息""轻徭薄赋""约法省禁"等措施,使生产恢复发展,国力增强,出现了稳定的景象。但是,治世之下也隐藏着众多弊病,如诸侯王势力坐大、商贾势力膨胀及匈奴扰边等。

【史料】

1.赞曰:孝文皇帝即位二十三年,宫室、苑囿、车骑、服御无所增益。有不便,辄弛以利民。尝欲作露台,召匠计之,直百金。上曰:"百金,中人十家之产也。吾奉先帝宫室,常恐羞之,何以台为!"身衣弋绨,所幸慎夫人衣不曳地,帷帐无文绣,以示淳朴,为天下先。治霸陵,皆瓦器,不得以金、银、铜、锡为饰,因其山,不起坟。南越尉佗自立为帝,召贵佗兄弟,以德怀之,佗遂称臣。与匈奴结和亲,后而背约入盗,令边备守,不发兵深入,恐烦百姓。吴王诈病不朝,赐以几杖。群臣袁盎等谏说虽切,常假借纳用焉。张武等受赂金钱,觉,更加赏赐,以愧其心。专务以德化民,是以海内殷富,兴于礼义,断狱数百,几致刑措。呜呼,仁哉!

——《汉书·文帝纪》

2.夏四月,诏曰:"雕文刻镂,伤农事者也;锦绣纂组,害女红者也。农事伤则饥之本也,女红害则寒之原也。夫饥寒并至,而能亡为非者寡矣。朕亲耕,后亲桑,以奉宗庙粢盛、祭服,为天下先;……今,岁或不登,民食颇寡,其咎安在?或诈伪为吏,吏以货赂为市,渔夺百姓,侵牟万民。县丞,长吏也,奸法与盗盗,甚无谓也。其令二千石各修其职;不事官职、耗乱者,丞相以闻,请其罪。布告天下,使明知朕意。"

............

赞曰:孔子称"斯民,三代之所以直道而行也",信哉!周、秦之敝,罔密文峻,而奸轨不胜。汉兴,扫除烦苛,与民休息。至于孝文,加之以恭俭,孝景遵业,五六十载之间,至于移风易俗,黎民醇厚。周云成、康,汉言文、景,美矣!

——《汉书·景帝纪》

## 【史料解析】

《汉书》是中国第一部纪传体断代史,由东汉史学家班固编撰,是继《史记》之后中国古代又一部重要史书,与《史记》《后汉书》《三国志》并称为"前四史"。《汉书》全书主要记述了上起西汉的汉高祖元年(公元前206年),下至新朝王莽地皇四年(公元23年)共230年的史事。《汉书》包括本纪十二篇、表八篇、志十篇、传七十篇,共一百篇,史料截取了本纪部分的《文帝纪》和《景帝纪》片段,体现了文、景二帝治理国家时的相关措施和作者的评价。

## 【译文】

1.班固评论:孝文皇帝在位二十三年,宫殿御苑车骑服御无所增加。当百姓感到不便时,常放开禁令以利百姓。他曾想造一座报时辰的露台,召工匠预算,造价需百金。文帝说:"百金是中等人家十户的产业。我继守先帝的宫室,常恐有所玷污,何必要筑露台!"身穿黑色绨衣,所宠爱的慎夫人衣长不拖地,帷帐不绣花,以表示自己的淳朴,为天下的表率。修造霸陵陵墓,都用瓦器,不准以金银铜锡装饰,因山起陵,不另选坟。南越尉佗自立为帝,文帝贵封尉佗兄弟,以德义进行感召,佗重新称臣。与匈奴结为友好,不久匈奴背约入盗,文帝只令边兵加强防守,不发兵反攻其地,恐增加百姓负担。吴王诈称病不朝,文帝赏以几杖进行慰问,群臣袁盎等虽极力谏说不应为吴王所欺,文帝仍将几杖送给吴王使用。张武等受贿金钱,发觉后,更加赏赐,使其惭愧自省。文帝专务以德化民,是以四海大兴礼义之风,断狱仅数百人,几乎用不到刑罚,唉,仁德之帝啊!

2.夏四月,下诏说:"雕文刻镂,消耗人力会伤害农事;锦绣纂组,劳力费时会有害女红。农事伤就会导致粮荒而饥,女红害就会影响纺织生产而寒。饥寒交迫,而不起为盗贼的是很少有可能的。朕亲自耕种,皇后亲自蚕桑,以奉宗庙祭祀的所需,为天下做出榜样;……今年粮食歉收,民食不足,问题出在哪里?有些诈伪官吏,公开贪污受贿,鱼肉百姓,侵吞民脂民膏。县丞,本是地方主要官员,有的知法犯法,为盗张目,这是不能容许的。现命令二千石各履行其职责,凡疏于职守与渎职害民者,丞相都应进行追究,并予以惩处。特布告天下,使明知朕意。"

．．．．．．．．．．．

班固评论:孔子说过"今时的人,也能像夏、商、周三代在政化淳一的情况下,直道而行",这是十分正确的。周、秦的弊端,是法网严密而律令苛峻,但触法犯罪的仍不可胜数。汉朝兴起,扫除繁苛,与民休息。至于汉文帝,加之以恭俭,景帝遵循前业,五六十年之间,达到移风易俗,黎民淳厚。周朝赞美成康,汉代称道文景,美好的盛世啊!

## 二、察举制

察举制是中国古代选拔官吏的一种制度,汉武帝元光元年(公元前134年)采纳董仲舒的建议而确立。察举制不同于先秦时期的世官制和隋唐时建立的科举制,顾名思义,"察"为考察,"举"为举荐,由地方长官在辖区内随时考察、选取人才并推荐给上级或中央,经过试用考核再任命官职。

【史料】

臣愚以为使诸列侯、郡守、二千石各择其吏民之贤者,岁贡各二人以给宿卫,且以观大臣之能;所贡贤者有赏,所贡不肖者有罚。……毋以日月为功,实试贤能为上,量材而授官,录德而定位,则廉耻殊路,贤不肖异处矣。

——《汉书·董仲舒列传》

【史料解析】

所选史料体现了汉武帝即位后和董仲舒对话的场景,董仲舒在回答武帝提问时提出了举荐人才的方法和考察人才的方式。这样一方面可以获得真正有贤能的人才，另一方面也能考察地方官员的办事能力，从而实现天下大治。

【译文】

臣认为让各位诸侯、郡守、二千石各自选择他们管辖下的官吏和百姓中的贤才，每年荐举两人，用他们在皇宫中值宿守卫，而且可以拿这件事来观察大臣的能力，如果荐举的人贤能，就给予奖赏；要是荐举的人不好，就加以惩罚。……千万不要用做官时间的长短来计算功劳，实际考察官吏的贤能是上策，衡量了才能以后再授给官职，考察了德行以后再确定职位，那样，廉洁和无耻待遇不同，好人和坏人就能够区别了。

### 三、张骞通西域

建元三年（公元前138年），汉武帝招募使者出使大月氏，欲联合大月氏共击匈奴，张骞应募任使者，但被匈奴所俘受困十年，后因逃跑又被扣一年。趁匈奴内乱，张骞逃回汉朝，向汉武帝详细报告了西域情况。张骞这次远征，仅就原定出使西域的任务而论，是没有完成的，但是客观上产生的实际影响，是非常成功的。西域原为中国政治文化势力所未及之地，张骞第一次通使西域，使中国的影响直达葱岭东西。现今中国新疆一带同内陆的联系日益加强，而且中国同中亚、西亚，以至南欧的直接交往也建立和密切起来。后人正是沿着张骞的足迹，走出了誉满全球的"丝绸之路"。此外张骞出使西域，既是一次极为艰险的外交旅行，同时也是一次卓有成效的科学考察。张骞将其见闻，向汉武帝做了详细报告，对葱岭东西、中亚、西亚，以至安息、印度诸国的位置、特产、人口、城市、兵力等，都做了说明。这个报告的基本内容在司马迁《史记·大宛列传》中保存下来。这是中国和世界上对于这些地区第一次最翔实可靠的记载,至今仍是世界上研究上述地区和国家的古地理和历史的最珍贵的资料。

【史料】

骞身所至者,大宛、大月氏、大夏、康居,而传闻其旁大国五六,具为天子言其地形所有,语皆在《西域传》。

……天子既闻大宛及大夏、安息之属皆大国,多奇物,土著,颇与中国同俗,而兵弱,贵汉财物;其北则大月氏、康居之属,兵强,可以赂遗设利朝也。诚得而以义属之,则广地万里,重九译,致殊俗,威德遍于四海。天子欣欣以骞言为然。……初,汉欲通西南夷,费多,罢之。及骞言可以通大夏,及复事西南夷。

——《汉书·张骞李广利列传》

【史料解析】

本列传叙述张骞、李广利的事迹。张骞,汉武帝时两次出使西域,历经磨难,不畏艰险。李广利,武帝宠姬李夫人之兄,太初元年(公元前104年),奉命带兵到大宛贰师城索取汗血马,故号贰师将军。《史记》将张骞附传于《卫将军列传》,甚为简略,而《大宛列传》记载张骞、李广利事,较为详细,止于李广利封为海西侯。《汉书》将张骞、李广利合为一传,补充材料,详其始末,展现了汉武帝时代的中西交流。

【译文】

张骞亲身所到过的地方,有大宛、大月氏、大夏、康居等国,他听说在这些国家的旁边还有五六个大国,他一一向汉武帝讲述了这些国家的地形和物产。所说的内容都在《西域传》里。

……武帝听说大宛和大夏、安息等国家都是大国,有许多珍奇的物产,又过着定居的生活,与汉朝的风俗相同,而兵力很弱,很看重汉朝的财物;其北方则是大月氏、康居等国,兵力强大,可以用赠送财物、给他们以好处的方法,诱使他们前来朝见汉天子。果真能够这样做并用道义的力量使他们归附汉朝,那么汉朝就可扩大疆土一万余里,有些边远地区的民族和一些奇风异俗的少数民族也前来归附,汉朝的威望德泽就可普及四海。汉武帝很高兴,认为张骞说得很有道理。……当初,汉朝想与西南夷通使,由于费用太多,停止了这项工作。及至张骞说可经西南夷通往大夏,汉朝才着手打通西南夷之路。

## 四、《黄帝内经》

《黄帝内经》与《难经》《伤寒杂病论》《神农本草经》并称为中国传统医学四大经典著作,是我国医学宝库中现存成书最早的一部医学典籍。《黄帝内经》分《灵枢》《素问》两部分,起源于轩辕黄帝,后又经医家、医学理论家联合增补发展创作,一般认为结集成书于春秋战国时期,在阐述病机病理的同时,主张不治已病,而治未病,同时主张养生、摄生、益寿、延年,是研究人的生理学、病理学、诊断学、治疗原则和药物学的医学巨著。

【史料】

1. 心之合脉也,其荣色也,其主肾也。肺之合皮也,其荣毛也,其主心也。肝之合筋也,其荣爪也,其主肺也。脾之合肉也,其荣唇也,其主肝也。肾之合骨也,其荣发也,其主脾也。

是故多食咸,则脉凝泣而变色;多食苦,则皮槁而毛拔;多食辛,则筋急而爪枯;多食酸,则肉胝皱而唇揭;多食甘,则骨痛而发落,此五味之所伤也。故心欲苦,肺欲辛,肝欲酸,脾欲甘,肾欲咸,此五味之所合也。

——《黄帝内经·素问·五藏生成》

2.雷公问于黄帝曰:五色独决于明堂乎? 小子未知其所谓也。黄帝曰:明堂者,鼻也;阙者,眉间也;庭者,颜也;蕃者,颊侧也;蔽者,耳门也。其间欲方大,去之十步,皆见于外,如是者寿,必中百岁。

——《黄帝内经·灵枢·五色》

【史料解析】

《黄帝内经》是我国医学宝库中现存成书最早的一部医学典籍,分《素问》和《灵枢》两部分,前者涉及人体生理、病理、诊断、治疗的基本理论,突出地阐释了阴阳五行学说、人与自然高度统一的整体观、脏腑气血功能、病因病机、疾病治则治法等,后者论述了脏腑、经络、病因、病机、病证、诊法等内容,并且重点阐述了经络腧穴,针具、刺法及治疗原则等。

【译文】

1.心脏与脉相应,它的荣华表现在面色上,肾水可以制约心火;肺脏与皮肤相应,它的荣华表现在毫毛上,心火制约肺金;肝脏与筋相应,它的荣华表现在爪甲上,肺金制约肝木;脾脏与肌肉相应,它的荣华表现在口唇上,肝木制约脾土;肾与骨骼相应,它的荣华表现在头发上,脾土制约肾水。

正因为如此,所以过食咸味,则使血脉凝塞不畅,而颜面色泽发生变化。过食苦味,则使皮肤枯槁而毫毛脱落。过食辛味,则使筋脉劲急而爪甲枯干。过食酸味,则使肌肉粗厚皱缩而口唇掀揭。过食甘味,则使骨骼疼痛而头发脱落。这是偏食五味所造成的损害。所以心欲得苦味,肺欲得辛味,肝欲得酸味,脾欲得肝味,肾欲得咸味,这是五味分别与五脏之气相合的对应关系。

2.雷公问黄帝道:面部五种气色的变化,是仅仅反映在明堂部位吗? 我不知道其中的含义。

黄帝说:明堂,就是鼻部;阙,就是两眉之间;庭,就是额头;蕃,就是两颊侧面;蔽,就是耳门。这些部位都方正开阔,距离十步之外,可见这些部位从正面显现,像这样的面相,一定会长命百岁。

# 第二单元

### 三国两晋南北朝的民族交融与隋唐统一
### 多民族封建国家的发展

## 第5课　三国两晋南北朝的政权更迭与民族交融

### 一、淝水之战

　　淝水之战，发生于公元383年，是东晋十六国时期北方的统一政权前秦向南方东晋发起的侵略吞并的一系列战役中的决定性战役，前秦出兵伐晋，双方于淝水（今安徽省寿县的东南方）交战，最终东晋仅以八万军力大胜八十余万前秦军。淝水之战是中国历史上著名的以少胜多的战例。拥有绝对优势的前秦败给了东晋，国家也因此衰败灭亡，北方各民族纷纷脱离了前秦的统治，分裂为后秦和后燕为主的几个政权。而东晋则趁此北伐，把边界线推进到黄河，并且此后数十年间东晋再无外族侵略。

　　【史料】

　　石闻坚在寿阳，甚惧，欲不战以老秦师。谢琰劝石从序言。十一月，谢玄遣广陵相刘牢之帅精兵五千趣洛涧，未至十里，梁成阻涧为陈以待之。牢之直前渡水，击成，大破之，斩成及弋阳太守王咏；又分兵继其归津,秦步骑崩溃,争赴淮水,士卒死者万五千人,执秦扬州刺史王显等,尽收其器械军实。于是谢石等诸军,水陆继进。秦王坚与阳平公融登寿阳城望之,见晋兵部阵严整,又望八公山上草木皆以为晋兵,顾谓融曰:"此亦敌,何谓弱也!"怃然始有惧色。

秦兵逼淝水而陈,晋兵不得渡。谢玄遣使谓阳平公融曰:"君悬军深入,而置陈逼水,此乃持久之计,非欲速战者也。若移陈少却,使晋兵得渡,以决胜负,不亦善乎!"秦诸将皆曰:"我众彼寡,不如遏之,使不得上,可以万全。"坚曰:"但引兵少却,使之半渡,我以铁骑蹙而杀之,蔑不胜矣!"融亦以为然,遂麾兵使却。秦兵遂退,不可复止。谢玄、谢琰、桓伊等引兵渡水击之。融驰骑略陈,欲以帅退者,马倒,为晋兵所杀,秦兵遂溃。玄等乘胜追击,至于青冈;秦兵大败,自相蹈藉而死者,蔽野塞川。其走者闻风声鹤唳,皆以为晋兵且至,昼夜不敢息,草行露宿,重以饥冻,死者什七、八。初,秦兵少却,朱序在陈后呼曰:"秦兵败矣!"众遂大奔。

——《资治通鉴·晋纪二十七》

【史料解析】

《资治通鉴》是中国古代编年体史书的集大成之作,该书由北宋史学家司马光主编,以时间为纲,事件为目,通过对战国至五代期间的1362年的史事脉络梳理,生动详细地叙述了历代帝王将相为政治国、待人处世之道。《资治通鉴·晋纪二十七》记载了淝水之战的背景、过程和影响,同时呈现了符坚在战争前后迥异的心态,作者借此明鉴君主在认识和判断上的错误会导致严重的后果。

【译文】

谢石听说符坚在寿阳,非常害怕,想不打仗就使前秦的军队疲愆。谢琰劝谢石听从朱序(东晋大臣,兵败被俘降前秦,淝水战后,复归东晋)的建议。十一月,谢玄派广陵相刘牢之率领五千精兵开赴洛涧,在离洛涧十里的地方,梁成扼守山涧部署兵阵以等待刘牢之。刘牢之径直向前渡河,攻击梁成,大败梁成,斩梁成及弋阳太守王咏;又分兵继续到渡口,前秦的步、骑兵全都崩溃,争先恐后地逃向淮水,士兵死伤者一万五千多人,抓获了前秦扬州刺史王显等人,没收其军械装备。于是谢石等诸路大军分水陆两路继续前进。前秦王苻坚与阳平公苻融登上寿阳城观望,只见东晋的军队布阵严整,又望见了八公山上的草木,也以为都是东晋的士兵,苻坚掉头对苻融说:"这也是强敌,怎么能说他软弱呢!"茫然若失,脸上开始有了恐惧的神色。

前秦的军队紧逼淝水而布阵,东晋的军队无法渡过。谢玄派使者对阳平公苻融说:"您孤军深入,却紧逼淝水部署军阵,这是长久相持的策略,不是想迅速交战的办法。如果能移动兵阵稍微后撤,让晋朝的军队得以渡河,以决胜负,不也是很好的事情吗!"前秦众将领都说:"我众敌寡,不如遏制他们,使他们不能上岸,这样可以万无一失。"苻坚说:"只带领兵众稍微后撤一点,让他们渡河渡到一半,我们再出动铁甲骑兵奋起攻杀,没有不胜的道理!"苻融也认为可以,于是就挥舞战旗,指挥兵众后退。前秦的军队一退就不可收拾。谢玄、谢琰、桓伊等率领军队渡过河攻击他们。苻融驰马巡视军阵,想来率领退逃的兵众,结果战马倒地,苻融被东晋的士兵杀掉,前秦的军队于是就崩溃了。谢玄等乘胜追击,一直追到青冈,前秦的军队大败,自相践踏而死的人,遮蔽山野堵塞山川。逃跑的人听到刮风的声音和鹤的鸣叫声,都以为是东晋的军队将要来到,昼夜不敢停歇,慌不择路,风餐露宿,冻饿交加,死亡的人十有七八。当初,前秦的军队稍微后撤时,朱序在军阵后面高声呼喊:"秦军失败了!"兵众们听到后就狂奔乱逃。

## 二、北魏孝文帝改革

北魏孝文帝改革是指南北朝时期的北魏孝文帝在位时所推行的政治改革。其主要内容是汉化运动,包括推行均田制和户调制,变革官制和律令,迁都洛阳,改易汉俗等。孝文帝改革推动了北方经济的发展,促进了民族大融合。

【史料】

(夏四月)庚申,行幸鲁城,亲祠孔子庙。……六月己亥,诏不得以北俗之语言于朝廷,若有违者,免所居官。辛丑,诏复军士从驾渡淮者租赋三年。……癸丑,诏求天下遗书,秘阁所无、有裨益时用者加以优赏。乙卯,曲赦梁州,复民田租三岁。丙辰,诏迁洛之民,死葬河南,不得还北。于是代人南迁者,悉为河南洛阳人。戊午,诏改长尺大斗,依《周礼》制度,班之天下。

——《魏书·帝纪卷七》

【史料解析】

《魏书·帝纪卷七》记载了北魏孝文帝拓跋宏在位期间的各项措施,尤其是汉化的举措,推动了鲜卑族的文明开化和民族大融合。

【译文】

二十二日,孝文帝抵达鲁城,亲自祭祀孔庙。……六月二日,孝文帝下诏,禁止在朝廷中讲鲜卑语,若有违反者,免去官职。四日,孝文帝下诏,凡跟随圣驾渡过淮河的士兵,免征三年的田租赋税。……十六日,孝文帝下诏,征集散失于民间的书籍,对献出国家图书馆所没有,而有益于社会政治书籍的人,加以重赏。十八日,在梁州实行特赦,免征梁州百姓三年的田租。十九日,孝文帝下诏,规定迁居洛阳的鲜卑族人,死后要葬在黄河以南,不得把灵柩运回北方老家安葬。从这时起,南迁洛阳的鲜卑人,全都变成了河南洛阳人氏。二十一日,孝文帝下诏,依照《周礼》所载规格,改用长尺、大斗,将这一决定公布天下。

# 第6课  从隋唐盛世到五代十国

## 一、贞观之治

唐朝初年唐太宗在位期间出现的政治清明、经济复苏、文化繁荣的治世局面称"贞观之治"。唐太宗继承唐高祖制定的尊祖崇道国策,运用道家思想治国平天下,任人唯贤,虚心纳谏,休养生息,完善科举制度等政策,使得社会安定下来,并大力平定外患,稳固边疆,最终取得天下大治的理想局面。因其时年号为"贞观",故史称"贞观之治",为后来的开元盛世奠定了重要的基础。

【史料】

上御翠微殿,问侍臣曰:"自古帝王虽平定中夏,不能服戎、狄。朕才不逮古人而成功过之,自不谕其故,诸公各率意以实言之。"群臣皆称:"陛下功德如天地,万物不得而名言。"上曰:"不然。朕所以能及此者,止由五事耳。自古帝王多疾胜己者,朕见人之善,若己有之。人之行能,不能兼备,朕常弃其所短,取其所长。人主往往进贤则欲置诸怀,退不肖则欲推诸壑,朕见贤者则敬之,不肖者则怜之,贤不肖各得其所。人主多恶正直,阴诛显戮,无代无之,朕践以来,正直之士,比肩于朝,未尝黜责一人。自古皆贵中华,贱夷、狄,朕独爱之如一,故其种落皆依朕如父母。此五者,朕所以成今日之功也。"

——《资治通鉴·唐纪》

**【史料解析】**

所选史料记载了太宗与群臣讨论的场景,体现出贞观年间太宗从谏如流、选贤举能的政治清明场景。

**【译文】**

太宗亲临翠微殿,问身边大臣:"自古以来帝王虽然能够平定中原,却不能制服北方各部族。朕的才能远不及古代帝王,而取得的成果却比他们大,我自己不明说其原因,你们各位当直率地如实说说。"众大臣齐声说道:"陛下的功德与天地等量齐观,难以一语言明。"太宗说:"不是这样。朕所以能做到这一点,只是因为五点缘由:自古以来帝王大多嫉妒能力超过自己的,朕看见别人的长处,便如同看见自己的一样;人不可能全知全能,朕对人常常要扬长避短;君王们往往引进有才能的人想着放置在自己怀抱,摒弃无能之辈则恨不能落井下石,朕看见有才能的人则非常敬重,遇见无能者亦加以怜悯,有才能与无才能的人都能各得其所;君王们大多讨厌正直之人,明诛暗罚,没有一个朝代不存在,朕自即位以来,正直的大臣在朝中比肩接踵,未曾贬黜斥责一人;自古以来帝王都尊贵中原,贱视夷、狄,唯独朕爱护他们始终如一,所以他们各个部落都像对待父母一样依赖朕。这五点,是朕成就今日功绩的原因。"

## 二、开元盛世

开元年间,唐玄宗采取了一系列积极措施使封建社会进入鼎盛时期。政治上整治吏治,重用贤臣,修订律法;经济上打击豪门士族,解放劳动力;军事上在边境地区大力发展屯田,扩张疆域;文化上提倡文教,重道抑佛。唐玄宗还改善民族关系。此时国力空前强盛,社会经济空前繁荣,人口大幅度增长,对外贸易十分活跃。至此唐朝进入全盛时期,中国封建社会达到顶峰阶段,史称"开元盛世"。

【史料】

中宗以来,贵戚争营佛寺,奏度人为僧,兼以伪妄;富户强丁多削发以避徭役,所在充满。姚崇上言:"佛图澄不能存赵,鸠摩罗什不能存秦,齐襄、梁武,未免祸殃。但使苍生安乐,即是福身;何用妄度奸人,使坏正法!"上从之。丙寅,命有司沙汰天下僧尼,以伪妄还俗者万二千余人。

⋯⋯⋯⋯⋯⋯

薛王业之舅王仙童,侵暴百姓,御史弹奏;业为之请,敕紫微、黄门覆按。姚崇、卢怀慎等奏:"仙童罪状明白,御史所言无所枉,不可纵舍。"上从之。由是贵戚束手。

⋯⋯⋯⋯⋯⋯

是岁,东都斗米十五钱,青、齐五钱,粟三钱。

——《资治通鉴·唐纪》

【史料解析】

所选史料记载了唐玄宗在位期间抑制豪门士族、发展经济的相关史实,可窥见当时吏治清明、经济繁荣的盛况。

## 【译文】

自唐中宗即位以来,皇亲国戚竞相营建佛寺,奏请度人出家为和尚,其中有不少弄虚作假的;富裕人家的子弟以及身强力壮的男子纷纷削发为僧以逃避徭役,这种人简直到处都是。姚崇向唐玄宗建议道:"佛图澄未能使后赵国运长久,鸠摩罗什也无法使后秦免于覆亡,齐襄帝、梁武帝同样未能免于国破家亡。只要陛下能够使百姓安居乐业,就是有福之身,哪里用得着剃度奸诈之徒为僧,让他们败坏佛法呢!"唐玄宗采纳了他的建议。丙寅(疑误),唐玄宗命令有关部门筛选淘汰全国的和尚尼姑,因弄虚作假被勒令还俗的僧尼共计一万二千余人。

···········

薛王李业的舅父王仙童侵夺欺凌百姓,被御史上奏弹劾;李业为他求情,唐玄宗于是让紫微、黄门复审此案。姚崇、卢怀慎等人奏称道:"王仙童的罪状清楚明白,御史对他的弹劾也并无冤枉之处,不能对他放纵宽宥。"唐玄宗同意了他们的意见。从此皇亲国戚们收敛了一些。

···········

在这一年,东都每斗米值十五钱,青州、齐州每斗米值五钱,每斗粟仅值三钱。

## 三、安史之乱

安史之乱是唐代玄宗末年至代宗初年,将领安禄山与史思明发动的叛乱,是唐由盛而衰的转折点。这场内战使得唐朝国力锐减。又由于其爆发于唐玄宗天宝年间,也称天宝之乱。

【史料】

正月,己亥,安禄山入朝。是时杨国忠言禄山必反,且曰:"陛下试召之,必不来。"上使召之,禄山闻命即至。庚子,见上于华清宫,泣曰:"臣本胡人,陛下宠擢至此,为国忠所疾,臣死无日矣!"上怜之,赏赐巨万,由是益亲信禄山,国忠之言不能入矣。太子亦知禄山必反,言于上,上不听。

……禄山密遣亲信选健马堪战者数千匹,别饲之。

己丑,安禄山奏:"臣所部将士讨奚、契丹、九姓、同罗等,勋效甚多,乞不拘常格,超资加赏,仍好写告身付臣军授之。"于是除将军者五百余人,中郎将者二千余人。禄山欲反,故先以此收众心也。

············

安禄山归至范阳,朝廷每遣使者至,皆称疾不出迎,盛陈武备,然后见之。裴士淹至范阳,二十余日乃得见,无复人臣礼。……秋,七月,禄山表献马三千匹,每匹执控夫二人,遣蕃将二十二人部送。河南尹达奚疑有变,奏请:"谕禄山以进车马宜俟至冬,官自给夫,无烦本军。"于是上稍寤,始有疑禄山之意。

············

十一月,甲子,禄山发所部兵及同罗、奚、契丹、室韦凡十五万众,号二十万,反于范阳。

——《资治通鉴·唐纪》

【史料解析】

所选史料反映了玄宗在位后期安史之乱爆发前的情形,对安禄山预谋反叛给予详尽的描述,情节生动,丝丝入扣,安禄山的两面三刀形象跃然纸上。

## 【译文】

正月己亥（初三），安禄山入朝。当时杨国忠进言说安禄山必反，并说："陛下试召他入朝，他一定不来。"于是玄宗就派人召见安禄山，安禄山听到召令立刻来朝。庚子（初四），安禄山晋见玄宗于华清宫，哭诉说："我本是一名胡人，只是受到陛下的信任才有今天的地位，但却不为杨国忠所容，恐怕难以活命了！"玄宗听后十分怜爱，重加赏赐，因此更加信任安禄山，杨国忠的话一点也听不进去。太子李亨也知道安禄山要谋反，告诉玄宗，玄宗不听。

……安禄山暗中派亲信挑选能征善战的健壮军马数千匹，另选地方饲养。

己丑（二十三日），安禄山上奏说："我所率领的部下将士讨伐奚、契丹、九姓胡、同罗等，功勋卓著，乞望陛下能够打破常规，越级封官赏赐，并希望写好委任状，让我在军中授予他们。"因此安禄山部将被任命为将军的有五百多人，被任命为中郎将的有二千多人。安禄山要谋反，所以借此收买人心。

…………

安禄山回到范阳后，每当朝廷有使者来，总是假装有病不出来迎接。有时布置好兵力，然后才出来接见。裴士淹来到范阳后二十多天才见到安禄山，安禄山一点臣下的礼节都不讲。……秋季，七月，安禄山上表请求献给朝廷马三千匹，每匹马马夫二人，并派蕃人将领二十二人护送。河南尹达奚珣怀疑其中有诈，就上奏说："请告谕安禄山应等到冬天再献车马，由朝廷供给马夫，不用烦劳他部下的军士。"于是玄宗才有所省悟，开始怀疑安禄山有反心。

…………

十一月甲子（初九），安禄山率领所统辖的三镇军队及同罗、奚、契丹、室韦兵共十五万人，号称二十万，在范阳起兵反叛。

## 四、藩镇割据

藩镇割据通常指的是某些藩镇的将领拥兵自重，在军事、财政、人事方面不完全受中央政府控制的局面。唐代藩镇割据主要表现在河朔，而河朔割据又集中在三镇。在安史之乱后到黄巢之乱前，唐朝后半段的大部分时期里，绝大部分藩镇不割据，即使割据，藩镇也在一定程度上施行唐朝的政策法令。唐末黄巢之乱，才出现普遍的藩镇割据，导致唐朝灭亡。

【史料】

臣光曰：夫民生有欲，无主则乱。是故圣人制礼以治之。自天子、诸侯至于卿、大夫、士、庶人，尊卑有分，大小有伦，若纲条之相维，臂指之相使，是以民服事其上，而下无觊觎。……凡人君所以能有其臣民者，以八柄存乎己也。苟或舍之，则彼此之势均，何以使其下哉！

肃宗遭唐中衰，幸而复国，是宜正上下之礼以纲纪四方；而偷取一时之安，不思永久之患。彼命将帅，统藩维，国之大事也，乃委一介之使，徇行伍之情，无问贤不肖，惟其所欲与者则授之。自是之后，积习为常，君臣循守，以为得策，谓之姑息。乃至偏裨士卒，杀逐主帅，亦不治其罪，因以其位任授之。……

盖古者治军必本于礼，故晋文公城濮之战，见其师少长有礼，知其可用。今唐治军而不顾礼，使士卒得以陵偏裨，偏裨得以陵将帅，则将帅之陵天子，自然之势也。

由是祸乱继起，兵革不息，民坠涂炭，无所控诉，凡二百余年，然后大宋受命。太祖始制军法，使以阶级相承，小有违犯，咸伏斧质。

是以上下有叙,令行禁止,四征不庭,无思不服,宇内乂安,兆民允殖,以迄于今,皆由治军以礼故也。岂非诒谋之远哉!

——《资治通鉴·唐纪》

**【史料解析】**

史料选取了司马光在《资治通鉴·唐纪》中对安史之乱后藩镇割据的评价,分析鞭辟入里,并融入他的治国理念。

**【译文】**

臣司马光认为,天下的民众都有欲望,如果没有君主,就会大乱。所以圣人制定礼来治理国家。从天子、诸侯以至公卿、大夫、官吏、百姓,使他们尊卑有分别、大小有次序,就如网在纲上,有条而不紊,如手臂驱使手指,无不服从,只有这样,百姓才会服侍他们的上层,在下层的人才不会有觊觎之心。……凡是做君主的,之所以能够控制他的臣民,是因为驾驭臣民的八种权柄掌握在自己手中。假如舍弃这八种权柄,那么君臣上下就会势均力敌,还怎么来统治臣下呢!

唐肃宗逢唐朝中期大乱,有幸而复兴,应该端正君臣上下之礼,以统治四方,而他却苟且获取一时之安,没有想到会成为永久的祸患。任命将帅,统治地方,是国家的大事,却仅委派一介使者,曲从于士卒的意愿,不管贤能与否,只是按照军中将士的要求授给军权。从此以后,习以为常,而君臣还循守不变,以为是上策,这就是姑息。甚至副将士兵杀死或驱逐主帅,也不惩处他们的罪行,反而将主帅的职位授给他们。……

古人治理军队的根本是要合乎礼法,所以春秋时期晋国与楚国的城濮之战中,晋文公看到自己的军队少长有礼,便知道可以打败楚军。现在唐朝治军却不顾礼法,使得士卒可以欺侮副将,副将可以欺侮将帅,那么将帅欺侮天子,就是必然的趋势了。

从此战乱迭起,兵革不息,百姓涂炭,无处申诉,前后二百余年,然后是大宋王朝的建立。宋太祖开始制定军法,使将士以大制小,稍有违犯,就会招来杀身之祸。所以上下有序,令行禁止,征讨四方割据势力,无不威服,天下安定,生民乐业,以至于今,都是因为治军用礼法的缘故。这难道不是见识深远的谋略吗!

# 第7课　隋唐制度的变化与创新

## 一、科举制

科举制,是中国古代通过考试选拔官吏的制度。士子应举,原则上允许自己报名参加,不必非得由公卿大臣或州郡长官特别推荐,这一点是科举制最主要的特点,也是与察举制最根本的区别。科举制改善了用人制度,彻底打破了血缘世袭关系和世族的垄断,"朝为田舍郎,暮登天子堂",部分社会中下层有能力的读书人进入社会上层,获得施展才智的机会。

【史料】

1.唐制,取士之科,多因隋旧,……其科之目,有秀才,有明经,有俊士,有进士,有明法,有明字,有明算,……此岁举之常选也。其天子自诏者曰制举,所以待非常之才焉。

——《新唐书·卷四十四　选举志上》

2.凡择人之法有四：一曰身，体貌丰伟；二曰言，言辞辩正；三曰书，楷法遒美；四曰判，文理优长。四事皆可取，则先德行；……得者为留，不得者为放。

——《新唐书·卷四十五　选举志下》

【史料解析】

《新唐书》是北宋时期宋祁、欧阳修、范镇、吕夏卿等合撰的一部记载唐朝历史的纪传体史书，"二十四史"之一。全书共有二百二十五卷，其中包括本纪十卷、志五十卷、表十五卷、列传一百五十卷。《新唐书》在体例上第一次写出了《兵志》《选举志》，系统论述了唐代府兵等军事制度和科举制度。这是我国纪传体史书的一大开创，为以后《宋史》等史书所沿袭。上述史料即选自《选举志》，阐述了唐朝科举制的分类和录取办法。

【译文】

1.唐朝科举制基本沿袭隋朝制度，……科目包括秀才、明经、俊士、进士、明法、明字、明算，……这些都是固定年份举行考试的，天子下令考试的称为制举，选取特殊人才。

2.录取办法有四个标准：第一是外表，仪表堂堂，丰神伟岸；第二是言谈，言辞雅正；第三是书法，笔力遒劲美观；第四是逻辑分析能力，文采理性都善长。四个标准都具备，那先看这个人的品行，……符合标准的留下，不符合的则放行。

## 二、三省六部制

三省六部制是指隋唐时期为了限制相权而实行的政治制度。三省指中书省、门下省、尚书省，分别负责决策的起草、审议和执行，使传统相权一分为三。六部指尚书省下属的吏部、户部、礼部、兵部、刑部、工部。三省六部制初创于隋朝，完善于唐朝，一直到清末，六部制基本沿袭未改。

【史料】

初，唐因隋制，以三省之长中书令、侍中、尚书令共议国政，此宰相职也。其后，以太宗尝为尚书令，臣下避不敢居其职，由是仆射为尚书省长官，与侍中、中书令号为宰相，其品位既崇，不欲轻以授人……

初，三省长官议事于门下省之政事堂，其后，裴炎自侍中迁中书令，乃徙政事堂于中书省。开元中，张说为相，又改政事堂号"中书门下"……

——《新唐书·卷四十六　百官志》

【史料解析】

所选史料呈现了唐朝初年三省六部制形成的相关史实和变迁过程，为制度史研究的重要史料。

【译文】

唐初，沿袭隋朝制度，令三省长官中书令、侍中、尚书令共同商议国家政务，相当于宰相。后来因为太宗曾为尚书令，所以大臣均不敢任该职，于是仆射成为尚书省长官，与侍中、中书令同为宰相。职位尊崇，不轻易授予他人……

唐朝初年，三省长官经常于门下省的政事堂讨论政事，后来裴炎由侍中改任中书令，就把政事堂带到中书省。开元年间张说为相时，改政事堂为"中书门下"……

# 第三单元
## 辽宋夏金多民族政权的并立与元朝的统一

## 第9课 两宋的政治和军事

### 王安石变法

王安石变法是指宋神宗时期王安石发动的旨在改变北宋积贫积弱局面的一场改革运动,自熙宁二年(1069年)开始,至元丰八年(1085年)宋神宗去世结束,亦称熙宁变法、熙丰变法。

王安石变法以发展生产,富国强兵,挽救宋朝政治危机为目的,以"理财""整军"为中心,涉及政治、经济、军事、社会、文化各个方面。变法一定程度上改变了北宋积贫积弱的局面,充实了政府财政,提高了国防力量,对封建地主阶级和大商人非法渔利也进行了打击和限制。但是,变法在推行过程中由于部分举措的不合时宜和实际执行中的不良运作,也造成了百姓利益受到不同程度的损害(如保马法和青苗法),加之新法触动了大地主阶级的根本利益,所以遭到他们的强烈反对。元丰八年(1085年),该变法因宋神宗去世而告终。

【史料】

二年二月,拜参知政事。上谓曰:"人皆不能知卿,以为卿但知经术,不晓世务。"安石对曰:"经术正所以经世务,但后世所谓儒者,大抵皆庸人,故世俗皆以为经术不可施于世务尔。"上问:"然则卿所施设以何先?"安石曰:"变风俗,立法度,正方今之所急也。"上以为然。于是设制置三司条例司,令判知枢密院事陈升之同领之。安石令其党吕惠卿预其事。而农田水利、青苗、均输、保甲、免役、市易、保马、方田诸役相继并兴,号为新法,遣提举官四十余辈,颁行天下。

青苗法者,以常平籴本作青苗钱,散与人户,令出息二分,春散秋敛。均输法者,以发运之职改为均输,假以钱货,凡上供之物,皆得徙贵就贱,用近易远,预知在京仓库所当办者,得以便宜蓄买。保甲之法,籍乡村之民,二丁取一,十家为保,保丁皆授以弓弩,教之战阵。免役之法,据家赀高下,各令出钱雇人充役,下至单丁、女户,本来无役者,亦一概输钱,谓之助役钱。市易之法,听人赊贷县官财货,以田宅或金帛为抵当,出息十分之二,过期不输,息外每月更加罚钱百分之二。保马之法,凡五路义保愿养马者,户一匹,以监牧见马给之,或官与其直,使自市,岁一阅其肥瘠,死病者补偿。方田之法,以东、西、南、北各千步,当四十一顷六十六亩一百六十步为一方,岁以九月,令、佐分地计量,验地土肥瘠,定其色号,分为五等,以地之等,均定税数。又有免行钱者,约京师百物诸行利入厚薄,皆令纳钱,与免行户祗应。自是四方争言农田水利,古陂废堰,悉务兴复。又令民封状增价以买坊场,又增茶监之额,又设措置河北籴便司,广积粮谷于临流州县,以备馈运。由是赋敛愈重,而天下骚然矣。

——《宋史·王安石传》

【史料解析】

《宋史》是"二十四史"之一,收录于《四库全书》史部正史类。于元末至正三年(1343 年)由丞相脱脱和阿鲁图先后主持修撰。《宋史》与《辽史》《金史》同时修撰,《宋史》有志一百六十二卷、表三十二卷、列传二百五十五卷,共四百九十六卷,是"二十四史"中篇幅最庞大的一部官修史书。所选史料来自列传,详细展现了王安石为相后实行变法的具体措施。

## 【译文】

熙宁二年(1069年)二月,王安石被任命为参知政事。神宗对王安石说:"人们不能了解你,以为你只知道经学,不明白世上的事务。"王安石回答说:"经学正可以用来治理世上的事务,但是后世所谓学习经学的读书人,大都是些庸人,所以世俗就认为经学不可以施行于世务了。"神宗又问:"那么你首先要施行设置的是什么呢?"王安石说:"改变风俗,建立法度,为当务之急。"神宗认为很对。于是设立制置三司条例司,任命王安石和知枢密院事陈升之共同掌管。王安石令他的同党吕惠卿承担条例司的日常事务。从此农田水利、青苗、均输、保甲、免役、市易、保马、方田等法相继问世,称为新法,并派遣提举官四十多人,颁行新法于天下。

青苗法,是把籴买常平粮的本钱作为青苗钱,散给百姓,要他们出二分的利息,春天散出秋天收回。均输法,是把发运的职能改为均输,朝廷给予钱币和米粮,凡是上供朝廷的物品,都必须离开价钱高的地区而在价钱便宜的地区购买,以路程近的地区代替路程远的地区,预先报告京城仓库需要购买的物品,以便能在价钱便宜时购买贮存。保甲法,乡村人口编入户籍簿,两名男丁取一人,十家为一保,保丁都发给弓弩,教他们战斗阵法。免役法,根据百姓家庭财产多少,分别令他们出钱雇人充役,下至单丁户、女户,本来不要服役的家庭,也一概出钱,叫助役钱。市易法,允许私人向官府赊购或借贷货物钱款,以自己的田地、住宅或金帛作为抵押,出息十分之二,超过期限没有交纳的,利息之外每月另加罚金百分之二。保马法,凡是五路义勇保甲愿意养马的,每户养一匹,用牧马监现有的马给他们喂养,或是官府给买马的钱,让他们自行购买,每年检查一次马的肥瘦程度,死亡或生病的要补偿。方田法,把东、西、南、北各千步,相当于四十一顷六十六亩一百六十步作为一方,每年九月,县令、县佐分地丈量计算,检验土地肥瘠,确定这些土地的成色,分为五个等级,按照土地的等级,均定赋税数额。还有免行钱,规定京城各行各业根据获利多少,都必须交纳免行钱,给予免除行户当差。自从这些法令推行以后,全国各地争言农田水利,古代的陂塘和废弃的堤堰,都必须兴建修复。又下令平民百姓可以投递密封状,增加价钱购买坊场,又增加茶、盐的税收数额,又设置河北籴便司,在临近河流的州县广积粮食,以备粮饷运输。从此赋税聚敛越来越重,而天下骚动不安了。

# 第12课　辽宋夏金元的文化

## 《梦溪笔谈》

《梦溪笔谈》为北宋政治家、科学家沈括所著,是一部涉及古代中国自然科学、工艺技术及社会历史现象的综合性笔记体著作。大约成书于1086—1093年,收录了沈括一生的所见所闻和见解,被西方学者称为中国古代的百科全书,被英国科学史家李约瑟评价为“中国科学史上的里程碑”。

【史料】

1.阳燧照物皆倒,中间有碍故也。算家谓之"格术"。如人摇橹,
臬为之碍故也。若鸢飞空中,其影随鸢而移,或中间为窗隙所束,则
影与鸢遂相违,鸢东则影西,鸢西则影东。又如窗隙中楼塔之影,中
间为窗所束,亦皆倒垂,与阳燧一也。阳燧面洼,以一指迫而照之则
正;渐远则无所见;过此遂倒。其无所见处,正如窗隙、橹臬、腰鼓碍
之,本末相格,遂成摇橹之势。故举手则影愈下,下手则影愈上,此其
可见。阳燧面洼,向日照之,光皆聚向内。离镜一、二寸,光聚为一
点,大如麻菽,著物则火发,此则腰鼓最细处也。岂特物为然,人亦如
是,中间不为物碍者鲜矣。小则利害相易,是非相反;大则以己为物,
以物为己。不求去碍,而欲见不颠倒,难矣哉!《酉阳杂俎》谓"海翻
则塔影倒",此妄说也。影入窗隙则倒,乃其常理。

——《梦溪笔谈·辨证一》

2.算术求积尺之法,如刍萌、刍童、方池、冥谷、堑堵、鳖臑、圆锥、
阳马之类,物形备矣,独未有隙积一术,古法:凡算方积之物,有立方,
谓六幂皆方者。其法再自乘则得之。有堑堵,谓如土墙者,两边杀,
两头齐。其法并上下广,折半以为之广以直高乘之,以直高以股,以
上广减下广,余者半之为勾。勾股求弦,以为斜高。有刍童,谓如覆
斗者,四面皆杀。其法倍上长加入下长,以上广乘之;倍下长加入上
长,以下广乘之;并二位,以高乘之,六而一。隙积者,谓积之有隙者,
如累棋、层坛及酒家积罂之类。虽似覆斗,四面皆杀,缘有刻缺及虚
隙之处,用刍童法求之,常失于数少。余思而得之,用刍童法为上位;
下位别列:下广以上广减之,余者以高乘之,六而一,并入上位。假令
积罂:最上行纵横各二罂,最下行各十二罂,行行相次。先以上二行

相次，率至十二，当十一行也。以刍童法求之，倍上行长得四，并入下长得十六，以上广乘之，得之三十二；又倍下行长得二十四，并入上长，得二十六，以下广乘之，得三百一十二；并二位得三百四十四，以高乘之，得三千七百八十四。重列下广十二，以上广减之，余十，以高乘之，得一百一十，并入上位，得三千八百九十四；六而一，得六百四十九，此为罂数也。刍童求见实方之积，隙积求见合角不尽，益出羡积也。履亩之法，方圆曲直尽矣，未有会圆之术。凡圆田，既能拆之，须使会之复圆。古法惟以中破圆法拆之，其失有及三倍者。余别为拆会之术，置圆田，径半之以为弦，又以半径减去所割数，余者为股；各自乘，以股除弦，余者开方除为勾，倍之为割田之直径。以所割之数自乘倍之，又以圆径除所得，加入直径，为割田之弧。再割亦如之，减去已割之弧，则再割之弧也。假令有圆田，径十步，欲割二步。以半径为弦，五步自乘得二十五；又以半径减去所割二步，余三步为股，自乘得九；用减弦外，有十六，开平方，除得四步为勾，倍之为所割直径。以所割之数二步自乘为四，倍之得为八，退上一位为四尺，以圆径除。今圆径十，已足盈数，无可除。只用四尺加入直径，为所割之弧，凡得圆径八步四尺也。再割亦依此法。如圆径二十步求弧数，则当折半，乃所谓以圆径除之也。此二类皆造微之术，古书所不到者，漫志于此。

——《梦溪笔谈·技艺》

【史料解析】

《梦溪笔谈》包括《笔谈》《补笔谈》《续笔谈》三部分，一共三十卷，其中《笔谈》二十六卷，《补笔谈》三卷，《续笔谈》一卷，内容涉及天文、数学、物理、化学、生物等各个门类学科。书中的自然科学部分总结了中国古代，特别是北宋时期的科学成就。社会历史方面则对北宋统治集团的腐朽有所暴露,对西北和北方的军事利害、典制礼仪的演变、旧赋役制度的弊害,都有较为翔实的记载。

【译文】

1.用阳燧照物体都是倒立的影像,是因为中间有障碍的缘故。算学家说这叫作"格术"。譬如人摇橹,做支撑的小木桩成了橹的障碍一样。像老鹰在空中飞行,它的影子随着鹰飞而移动,如果鹰和影子之间的光线被窗孔所约束,那么影子与鹰飞的方向就相反了。又像窗孔中透过楼塔的影子,中间的光线被窗孔所约束,也都是倒垂,与阳燧的情形一样。阳燧的镜面是凹陷的,当一个手指靠近镜面时,像是正的;当手指渐渐移远到某一位置,像就不见了;超过这一位置,像就倒过来了。那个看不见的地方,正如窗户的孔、架橹的木桩、腰鼓的腰成了障碍一样,物体与像相对,就成了摇橹的情形。所以举起手来影子就越向下,放下手来影子就越向上,这应该是可以看得到的。阳燧的表面是凹陷的,对着太阳照,光线都集中在内心。离镜面一二寸的地方,光线集中成一个点,大小如芝麻粒,照到物体上面,物体一会儿就燃烧起来,这就是腰鼓最细的地方。岂止物体是这样,人也如此,中间不被外物阻碍的很少。小的就把利害互相改变,是非互相颠倒;大的就把自己当成外物,把外物当成自己。不要求去掉障碍,却想看到不颠倒的物象,太难了啊!《酉阳杂俎》所说"海翻则塔影倒",这纯属虚枉之谈。影像通过窗孔就会颠倒,这才是通常的道理。

2.算术中求物体体积的方法,如刍萌、刍童、方池、冥谷、堑堵、鳖臑、圆锥、阳马等,各种形状的物体都具备了,只是没有隙积术。古代的算法:凡计算物体的体积,有立方体,是指六个面都是正方形的物体，其计算方法是把一条边自乘两次就可以求得了。有堑堵，是指有点像土墙形状的物体，两边是斜的，两头的面是垂直的。它的截面面积的算法是：先把上、下底的宽相加，除以二，作为截面的宽，用直高与它相乘就求得了一个值；再将直高作为股，用上底面的宽减去下底面的宽，所得之差除以二作为勾，用勾股定理算出弦，就是它的斜边长。有刍童，是指有点像翻过来的方斗形状，四侧都是斜面。它的计算方法是：将上底面的长乘二，与下底面的长相加，再与上底面的宽相乘；将下底面的长乘二，与上底面的长相加，再与下底面的宽相乘；把这两个数值相加，与高相乘，再取其六分之一（就求得了它的体积）。隙积，是指堆累起来而其中有空隙的物体，像堆叠起来的棋子、分层建造起来的土坛以及酒馆里堆累起来的酒坛子一类的物体。它们虽像倒扣着的斗，四侧都是斜面，但是由于边缘存在着一定的残缺或空隙，如果用刍童法计算，所得数量往往比实际的要少。我想出了一种计算方法：用刍童法算出它的上位、下位数值，另外单独列出它的下底宽，减去上底宽，将所得之差乘高，取其六分之一，再并入前面的数目就可以了。假设有用酒坛子累成的堆垛，最上层的长、宽都是两只坛子，最下层的长、宽都是十二只坛子，一层层交错堆垛好。先从最上层数起，数到有十二只坛子的地方，正好是十一层。用刍童法来计算，把上层的长乘二得四，与下层的长相加得十六，与上层的宽相乘，得三十二；再把下层的长乘二得二十四，与上层的长相加得二十六，与下层的宽相乘，得三百一十二；上、下两数相加，得三百四十四，乘高得三千七百八十四。另外将下层的宽十二减去上层的宽，得十，与高相乘，得一百一十，与前面的数字相加，得三千八百九十四；取它的六分之一，得六百四十九。这就是这堆酒坛的数量。运用刍童法算出的是实方的体积，运用隙积法算出的是空缺部分拼合成的体积，也就可以算出多余的体积。丈量土地的方法，方、圆、曲、直的算法都有,不过没有会圆的算法。凡是圆形的土地,既能够拆开来,也应该能让它拼合起来恢复圆形。古代的算法,只用中破圆法把圆形拆开来计算,它的误差有达三倍之多的。我另外设计了一种拆开、会合的计算方法。假设有一块圆形的土地,用它的直径的一半作为弦,再以半径减去所割下的弧形的高,用它们的差作为股;弦、股各自平方,用弦的平方减去股的平方,将它们的差开平方后作为勾,再乘二,就是所割弧形田的弦长。把所割弧形田的高平方,乘二,再除以圆的直径,所得的商加上弧形的弦长,便是所割弧形田的弧长。再割一块田也像这样计算,用总的弧长减去已割部分的弧长,就是再割之田的弧长了。假如有块圆形的土地,直径是十步,想使割出的圆弧高两步,就用圆半径五步作为弦,五步自乘得二十五;又用半径减去弧形的高两步,它们的差三步作为股,自乘得九;用它与弦二十五相减得十六,开平方得四,这就是勾,再乘二,就是弧的弦长。把圆弧的高二步自乘,得四,再乘二得八,退上一位为四尺,用圆的直径相除。现今圆的直径为十,已经满了整十数,不可除。只用四尺加下圆弧直径,就是所割圆的弧长,共得圆弧直径八步四尺。再割一块圆田,也依照这种方法。如果圆直径是二十步,要求弧长,就应当折半,也就是所说的要用圆弧的半径来除它。这两种方法都涉及精确的算法,是古书里没有说到的,随笔记录于此。

# 第四单元
## 明清中国版图的奠定与面临的挑战

# 第13课 从明朝建立到清军入关

## 内阁

内阁是明初废除丞相后辅助皇帝处理国政的助理机构。起初，内阁大学士只具有顾问身份，皇帝有最终决定的权力，而大学士很少有参决的机会。到明仁宗、明宣宗时期，内阁地位日益受尊崇，皇帝常用司礼监宦官进行牵制。但内阁始终不是正式的国家一级机构，不能正式统率六部，本质上属于皇帝为加强专制而建立的政治机构。

【史料】

明官制，沿汉、唐之旧而损益之。自洪武十三年罢丞相不设，析中书省之政归六部，以尚书任天下事，侍郎贰之。而殿阁大学士只备顾问，帝方自操威柄，学士鲜所参决。……然内阁之拟票，不得不决于内监之批红，而相权转归之寺人。于是朝廷之纪纲，贤士大夫之进退，悉颠倒于其手。

——《明史·职官一》

【史料解析】

《明史》是"二十四史"中的最后一部,共三百三十二卷,包括本纪二十四卷、志七十五卷、列传二百二十卷、表十三卷。它是一部纪传体断代史,记载了自明太祖朱元璋洪武元年(1368 年)至明思宗朱由检崇祯十七年(1644 年)二百七十六年的历史。《明史》以编纂得体、材料翔实、叙事稳妥、行文简洁为史家所称道,是一部水平较高的史书。所选史料出自《职官志》,讲述了明初废丞相、设六部,并增设内阁来协助皇帝处理政务的过程。

【译文】

明朝官制沿袭汉朝、唐朝的传统而有所修补。洪武十三年开始废除丞相,中书省的事务由六部来分掌,由此尚书来掌管天下事,其次是侍郎。殿阁大学士只是用来做咨询,皇帝自己掌握实权,大学士很少参与决策。……内阁大学士拥有的票拟权,不得不借助司礼监宦官送达批红,就这样相权转到了宦官手里。于是朝廷大事、士大夫官员的进退,都掌控在他们手里。

# 第 15 课　明至清中叶的经济与文化

## 一、《本草纲目》

《本草纲目》为中药学著作,明代著名医学家李时珍编撰,是李时珍在继承和总结以前本草学成就的基础上，结合长期学习、采访所积累的大量药学知识，经过实践和钻研，历时数十年而编成的一部巨著。书中不仅考正了过去本草学中的若干错误，综合了大量科学资料，提出了较科学的药物分类方法，融入先进的生物进化思想，并反映了丰富的临床实践。本书也是一部具有世界性影响的博物学著作。

【史料】

**露水**

在秋露重的时候，早晨去花草间收取。

**气味**

甘、平、无毒。

**主治**

用以煎煮润肺杀虫的药剂，或把治疗疥癣、虫癞的散剂调成外敷药，可以增强疗效。

白花露：止消渴。

百花露：能令皮肤健好。

柏叶露、菖蒲露：每天早晨洗眼睛，能增强视力。

韭叶露：治白癜风。每天早晨涂患处。

——《本草纲目·水部》

**李**

**气味**

果实：苦、酸、微温、无毒。

核仁：苦、平、无毒。

根白皮（树皮刮去外层皱皮后炙黄入药）：大寒、无毒。

**主治**

果实：肝病人宜食。

核仁：利小肠，下水气，消浮肿。

根白皮：煮汁服，止消渴，治赤白痢及赤白带；煎水含漱，治齿痛。

——《本草纲目·果部》

【史料解析】

《本草纲目》全书共一百九十多万字，五十二卷，分十六部六十类。序例（卷一、二）相当于总论，述本草要籍与药性理论。卷一"历代诸家本草"，介绍了明以前的主要本草四十一种。次辑录明代以前有关药物气味阴阳、五味宜忌、标本阴阳、升降浮沉、补泻、引经报使、各种用药禁忌等论述，其中又以金元诸家之论居多。卷三、四为"百病主治药"，沿用《证类本草》"诸病通用药"旧例，以病原为纲罗列主治药名及主要功效，相当于一部临证用药手册。卷五至卷五十二为各论，收药一千八百九十二种，附图一千一百零九种。其总例为"不分三品，惟逐各部；物以类从，目随纲举"。其中以部为"纲"，以类为"目"，计分十六部（水、火、土、金石、草、谷、菜、果、木、服器、虫、鳞、介、禽、兽、人）六十类。各部按"从微至巨""从贱至贵"，既便于检索，又体现出生物进化发展思想。部之下为六十类，各类中常将许多同科属生物排列在一起。各药"标名为纲，列事为目"，即一药名下列八个项目（即"事"）。其中"释名"列举别名，解释命名意义；"集解"，介绍药物出产、形态、采收等；"辨疑"（或"正误"），类集诸家之说，辨析纠正药物疑误；"修治"，述炮炙方法；"气味""主治""发明"，阐述药性理论，提示用药要点，其下每多作者个人见解；"附方"，以病为题，附列相关方剂。

## 二、《天工开物》

《天工开物》是世界上第一部关于农业和手工业生产的综合性著作，是中国古代一部综合性的科学技术著作，作者是明朝科学家宋应星。外国学者称它为"中国 17 世纪的工艺百科全书"。作者在书中强调人类要和自然相协调、人力要与自然力相配合，是中国科技史料中保留最为丰富的一部。

【史料】

1. 湿种之期，最早者春分以前，名为社种（遇天寒有冻死不生者），最迟者后于清明。凡播种，先以稻麦稿包浸数日，俟其生芽，撒于田中，生出寸许，其名曰秧。秧生三十日即拔起分栽。若田亩逢旱干、水溢，不可插秧。秧过期，老而长节，即栽于亩中，生谷数粒，结果而已。凡秧田一亩所生秧，供移栽二十五亩。凡秧既分栽后，早者七十日即收获（粳有救公饥、喉下急，糯有金包银之类，方语百千，不可殚述），最迟者历夏及冬二百日方收获。其冬季播种、仲夏即收者，则广南之稻，地无霜雪故也。

凡稻旬日失水，即愁旱干。夏种冬收之谷，必山间源水不绝之亩，其谷种亦耐久，其土脉亦寒，不催苗也。湖滨之田，待夏潦已过，六月方栽者，其秧立夏播种，撒藏高亩之上，以待时也。南方平原，田多一岁两栽两获者。其再栽秧，俗名晚糯，非粳类也。六月刈初禾，耕治老膏田，插再生秧。

——《上篇·乃粒》

2. 凡黄金为五金之长，熔化成形之后，住世永无变更。白银入洪炉虽无折耗,但火候足时,鼓鞲而金花闪烁,一现即没,再鼓则沉而不现。惟黄金则竭力鼓鞲,一扇一花,愈烈愈现,其质所以贵也。凡中国产金之区,大约百余处,难以枚举。山石中所出,大者名马蹄金,中者名橄榄金、带胯金,小者名瓜子金。水沙中所出,大者名狗头金,小者名麸麦金、糠金。平地掘井得者,名面沙金,大者名豆粒金。皆待先淘洗后冶炼而成颗块。

金多出西南,取者穴山至十余丈见伴金石,即可见金。其石褐色,一头如火烧黑状。水金多者出云南金沙江(古名丽水),此水源出吐蕃,绕流丽江府,至于北胜州,回环五百余里,出金者有数截。又川北潼川等州邑与湖广沅陵、溆浦等,皆于江沙水中淘沃取金。千百中间有获狗头金一块者,名曰金母,其余皆麸麦形。入冶煎炼,初出色浅黄,再炼而后转赤也。儋、崖有金田,金杂沙土之中,不必深求而得,取太频则不复产,经年淘炼,若有则限。然岭南夷獠洞穴中金,初出如黑铁落,深挖数丈得之黑焦石下。初得时咬之柔软,夫匠有吞窃腹中者亦不伤人。河南蔡、巩等州邑,江西乐平、新建等邑,皆平地掘深井取细沙淘炼成,但酬答人功所获亦无几耳。大抵赤县之内隔千里而一生。《岭南录》云居民有从鹅鸭屎中淘出片屑者,或日得一两,或空无所获。此恐妄记也。

凡金质至重,每铜方寸重一两者,银照依其则,寸增重三钱。银方寸重一两者,金照依其则,寸增重二钱。凡金性又柔,可屈折如枝柳。其高下色,分七青、八黄、九紫、十赤。登试金石上(此石广信郡河中甚多,大者如斗,小者如拳,入鹅汤中一煮,光黑如漆)立见分明。凡足色金参和伪售者,唯银可入,余物无望焉。欲去银存金,则将其金打成薄片剪碎,每块以土泥裹涂,入坩埚中硼砂熔化,其银即吸入土内,让金流出以成足色。然后入铅少许,另入坩埚内,勾出土内银,亦毫厘具在也。

——《下篇·五金》

【史料解析】

《上篇·乃粒》记述了农业生产中播种和插秧的时间和操作程序,《下篇·五金》则介绍了各种金属的成分与提炼方法。《天工开物》的最精华之处在于用技术数据给以定量的描述,显露出先进的科学思想和理论阐述,注重引入理论概念,而非单纯技术描述。

【译文】

1.浸种期,最早的是在春分以前,叫作社种(遇到天寒有被冻死而不得生长的),最晚的则在清明以后。播种时,先用稻草或麦秆包好种子,放在水里浸泡几天,等发芽后再撒播到秧田里。苗长到一寸多,就叫作秧。秧龄满三十天,即可拔起分插。如果稻田遇到干旱或者水涝,都不能插秧。秧苗过了育秧期就会变老而拔节,这时即使再插到田里,结谷也很少。通常一亩秧田所培育的秧苗,可供移插二十五亩田。

插秧后,早熟的品种大约七十天就能收割(粳稻有"救公饥""喉下急",糯稻有"金包银"等品种。各地的品种叫法多样,难以尽述)。最晚熟的品种,要历经夏天到冬天二百多天才能收割。至于冬季播种,夏季五月就能收获的,那是广东南部的水稻,因为那里终年没有霜雪。如果水稻缺水十天,就怕干旱了。夏天种、冬天收的水稻,必须种在山间水源不断的田里,这类稻种生长期较长,土温也低,所以禾苗长势较慢。靠近湖边的田地,要等到夏季洪水过后,大约六月份才能插秧。

2.黄金是五金中最贵重的,一旦熔化成形,永远不会发生变化。白银入烘炉熔化虽然不会有损耗,但当温度够高时,用风箱鼓风引起金花闪烁,出现一次就没有了,再鼓风也不再出现金花。只有黄金,用力鼓风时,鼓一次金花就闪烁一次,火越猛金花出现越多,这是黄金之所以珍贵的原因。中国的产金地区约有一百多处,难以列举。山石中所出产的,大的叫马蹄金,中的叫橄榄金或带胯金,小的叫瓜子金。在水沙中所出产的,大的叫狗头金,小的叫麸麦金、糠金。在平地挖井得到的叫面沙金,大的叫豆粒金。这些都要先经淘洗然后进行冶炼,才成为整颗整块的金子。

　　黄金多数出产在我国西南部,采金的人开凿矿井十多丈深,一看到伴金石,就可以找到金了。这种石呈褐色,一头好像给火烧黑了似的。蕴藏在河里的沙金,大多产于云南的金沙江(古名丽水),这条江发源于青藏高原,绕过丽江府,流至北胜州,迂回达五百多里,产金的有好几段。此外还有四川省北部的潼川等州和湖南省的沅陵、溆浦等地,都可在江沙中淘得沙金。在千百次淘取中,偶尔才会获得一块狗头金,叫作金母,其余的都不过是麸麦形状的金屑。金在冶炼时,最初呈现浅黄色,再炼就转化成为赤色。海南岛的儋、崖两县地区都有砂金矿,金夹杂在沙土中,不必深挖就可以获得。但淘取太频繁,便不会再出产,一年到头都这样挖取、熔炼,即使有也是很有限的了。在广东、广西少数民族地区的洞穴中,刚挖出来的金好像黑色的氧化铁屑,这种金要挖几丈深,在黑焦石下面才能找到。初得时拿来咬一下,是柔软的,采金的人有的偷偷把它吞进肚子里去也不会对人有伤害。河南省的汝南县和巩县一带,江西的乐平、新建等地,都是在平地开挖很深的矿井,取得细矿砂淘炼而得到金的,可是由于消耗劳动力太大,扣除人工费用外,所得也就很少了。大概在我国要隔千里才会找到一处金矿。《岭表录》中说:"有人从鹅、鸭屎中淘取金屑,多的每日可得一两,少的则毫无所获。"这个记载恐怕是虚妄不可信的。

　　金是最重的东西,假定铜每立方寸重一两,则银每立方寸要增加三钱重量;再假定银每立方寸重一两,则金每立方寸增加重量二钱。黄金的另一种性质就是柔软,能像柳枝那样曲折。至于它的成分高低,大抵青色的含金七成,黄色的含金八成,紫色的含金九成,赤色的则是纯金了。把这些金在试金石上划出条痕(这种石头在江西省信江流域河里很多,大的有斗那样大,小的就像个拳头,把它放进鹅汤里煮一下,就显得像漆那样又光又黑了),用比色法就能够分辨出它的成色。纯金如果要掺和别的金属来作伪出售,只有银可以掺入,其他金属都不行。如果要想除银存金,就要将这些杂金打成薄片,剪碎,每块用泥土涂上或包住,然后放入坩埚里加入硼砂熔化,这样银便被泥土所吸收,让金水流出来,成为纯金。然后另外放一点铅入坩埚里,又可以把泥土中的银吸附出来,而丝毫不会有损耗。

# 第五单元
## 晚清时期的内忧外患与救亡图存

## 第16课　两次鸦片战争

### 一、《南京条约》

《南京条约》中国近代史上第一个不平等条约,于 1842 年 8 月 29 日由清廷代表耆英、伊里布、牛鉴与英国代表璞鼎查在停泊于南京下关江面的英舰皋华丽号上签订,标志着第一次鸦片战争的结束。1843 年耆英与璞鼎查又先后签订中英《五口通商章程》和《虎门条约》,作为《南京条约》的补充和细则,将协定关税和租界制度予以落实,并使英国取得领事裁判权、片面最惠国待遇等权益。

【史料】

兹因大清皇帝,大英君主,欲以近来之不和之端解释,止肇衅,为此议定设立永久和约。是以大清大皇帝特派钦差便宜行事大臣太子少保镇守广东广州将军宗室耆英,头品顶戴花翎前阁督部堂乍浦副都统红带子伊里布;大英伊耳兰等国君主特派全权公使大臣英国所属印度等处三等将军世袭男爵璞鼎查;公同各将所奉之上谕便宜行事及敕赐全权之命互相较阅,俱属善当,即便议拟各条,陈列于左:

一、嗣后大清大皇帝、大英国君主永存平和,所属华英人民彼此友睦,各住他国者必受该国保佑身家全安。

二、自今以后,大皇帝恩准英国人民带同所属家眷,寄居大清沿海之广州、福州、厦门、宁波、上海等五处港口,贸易通商无碍;且大英国君主派设领事、管事等官住该五处城邑,专理商贾事宜,与各该地方官公文往来;令英人按照下条开叙之列,清楚交纳货税、钞饷等费。

三、因大英商船远路涉洋,往往有损坏须修补者,自应给予沿海一处,以便修船及存守所用物料。今大皇帝准将香港一岛给予大英国君主暨嗣后世袭主位者常远据守主掌,任便立法治理。

四、因大清钦差大宪等于道光十九年二月间经将大英国领事官及民人等强留粤省,吓以死罪,索出鸦片以为赎命,今大皇帝准以洋银六百万圆偿补原价。

五、凡大英商民在粤贸易,向例全归额设行商,亦称公行者承办,今大皇帝准以嗣后不必仍照向例,乃凡有英商等赴各该口贸易者,勿论与何商交易,均听其便;且向例额设行商等内有累欠英商甚多无措清还者,今酌定洋银三百万圆,作为商欠之数,准明由中国官为偿还。

六、因大清钦命大臣等向大英官民人等不公强办,致须拨发军士讨求伸理,今酌定水陆军费洋银一千二百万圆,大皇帝准为偿补,惟自道光二十一年六月十五日以后,英国因赎各城收过银两之数,大英全权公使大臣为君主准可,按数扣除。

七、以上三条酌定银数共二千一百万圆应如何分期交清开列于左:

此时交银六百万圆;

癸卯年六月间交银三百万圆,十二月间交银三百万圆,共银六百万圆;

甲辰年六月间交银二百五十万圆,十二月间交银二百五十万圆,

共银五百万圆;

乙巳年六月间交银二百万圆,十二月间交银二百万圆,共银四百万圆;

自壬寅年起至乙巳年止,四年共交银二千一百万圆。

倘有按期未能交足之数,则酌定每年每百圆加息五圆。

八、凡系大英国人,无论本国、属国军民等,今在中国所管辖各地方被禁者,大清大皇帝准即释放。

九、凡系中国人,前在英人所据之邑居住者,或与英人有来往者,或有跟随及俟候英国官人者,均由大皇帝俯降御旨,誊录天下,恩准全然免罪;且凡系中国人,为英国事被拿监禁受难者,亦加恩释放。

十、前第二条内言明开关俾英国商民居住通商之广州等五处,应纳进口、出口货税、饷费,均宜秉公议定则例,由部颁发晓示,以便英商按例交纳;今又议定,英国货物自在某港按例纳税后,即准由中国商人遍运天下,而路所经过税关不得加重税例,只可按估价则例若干,每两加税不过分。

十一、议定英国住中国之总管大员,与大清大臣无论京内、京外者,有文书来往,用照会字样;英国属员,用申陈字样;大臣批覆用札行字样;两国属员往来,必当平行照会。若两国商贾上达官宪,不在议内,仍用禀明字样为著。

十二、俟奉大清大皇帝允准和约各条施行,并以此时准交之六百万圆交清,大英水陆军士当即退出江宁、京口等处江面,并不再行拦阻中国各省商贾贸易。至镇海之招宝山,亦将退让。惟有定海县之舟山海岛、厦门厅之鼓浪屿小岛,仍归英兵暂为驻守;迨及所议洋银全数交清,而前议各海口均已开辟俾英人通商后,即将驻守二处军士退出,不复占据。

十三、以上各条均关议和要约,应候大臣等分别奏明大清大皇帝、大英君主各用亲笔批准后,即速行相交,俾两国分执一册,以昭信守;惟两国相离遥远,不得一旦而到,是以另缮二册,先由大清钦差便宜行事大臣等、大英钦奉全权公使大臣各为君上定事,盖用关防印信,各执一册为据,俾即日按照和约开载之条,施行妥办无碍矣。要至和约者。

道光二十二年七月二十四日,即英国记年之一千八百四十二年八月二十九日,由江宁省会行大英君主汗华船上铃关防。

【史料解析】

《南京条约》共十三款,要求中国:(1)割让香港岛;(2)向英国赔偿鸦片烟价、商欠、军费共二千一百万银圆;(3)五口通商,开放广州、福州、厦门、宁波、上海五处为通商口岸,允许英人居住并设派领事;(4)协定关税,英商应纳进出口货税、饷费,中国海关无权自主;(5)废除公行制度,准许英商在华自由贸易等。此外,也规定双方官吏平等往来、释放对方军民以及英国撤军等事宜。所选史料体现了该不平等条约中的大部分内容。

## 二、《天津条约》

《天津条约》是清咸丰八年(1858 年)第二次鸦片战争中英国、法国、俄国、美国强迫清政府在天津分别签订的不平等条约。第二次鸦片战争是英、法两国为了进一步扩大侵略特权而对中国发动的侵略战争,爆发于 1856 年 10 月,1860 年 10 月结束。第二次鸦片战争迫使清政府先后签订《天津条约》和《北京条约》、中俄《瑷珲条约》等和约,列强侵略更加深入。

【史料】

**1.《中英天津条约》**

又称《中英续约》,第二次鸦片战争期间英国强迫清政府签订的不平等条约。1858 年(咸丰八年)6 月 26 日清钦差大臣桂良、花沙纳与英国全权代表额尔金在天津签订。共五十六款,附有专条。主要内容:

(一)英国公使得住北京,并在通商各口设领事官;增开牛庄、登州、台南、淡水、潮州、琼州、汉口、九江、南京、镇江为通商口岸(后来开埠时,牛庄口岸设在营口,登州口岸设在烟台,潮州口岸设在汕头);

(二)耶稣教、天主教教士得自由传教;

(三)英国人得住内地游历、通商;

(四)英国商船可以在长江各口往来;

(五)中英两国派员在上海举行会议,修改关税税则;

(六)中国给英国赔款银四百万两;

(七)确定领事裁判权和片面的最惠国待遇。

**2.《中英通商章程》**

《中英通商章程善后条约》又称《中英通商章程》。《中英天津条约》的补充条款。1858 年(咸丰八年)11 月 8 日清钦差大臣桂良、花沙纳与英国全权代表额尔金在上海签订。共十款,附有《海关税则》。主要内容:

(一)海关聘用英人;

(二)海关对进出口货一律按时价值百抽五征税;

(三)洋货运销内地,只纳子口税百分之二点五,不再纳厘金税;

（四）允许鸦片进口，每百斤纳进口税三十两。从此，鸦片公开输入，外货充斥中国市场。

### 3.《中法天津条约》

原称《和约章程》，第二次鸦片战争期间法国强迫清政府订立的不平等条约。1858 年(咸丰八年)6 月 27 日清钦差大臣桂良、花沙纳与法国全权代表葛罗在天津签订。共四十二款。另订《和约章程补遗》六款。主要内容：

（一）法国公使得住北京；

（二）增开琼州、潮州、台湾（台南）、淡水、登州、南京为通商口岸（后来开埠时，登州口岸设在烟台，潮州口岸设在汕头），并在各口设领事官；

（三）天主教教士得入内地自由传教，法国人得往内地游历；

（四）凡中国与各国议定的税则、关口税、吨税、过关税、出入口货税，法国都可"均沾"；

（五）法国兵船可以在中国各通商口岸停泊；

（六）中国给法国赔款银二百万两。

### 4.《中俄天津条约》

第二次鸦片战争期间沙俄以调停为名诱迫清政府签订的不平等条约。1858 年(咸丰八年)6 月 13 日清钦差大臣桂良、花沙纳与俄国驻华公使普提雅廷在天津签订。共十二款。主要内容：

（一）俄国得在上海、宁波、福州、厦门、广州、台湾（台南）、琼州等七处口岸通商，若他国再有在沿海增开口岸，准俄国一律照办；

（二）俄国得在中国各通商口岸设立领事馆，并派兵船在这些口岸停泊；

（三）俄国东正教教士得入内地自由传教；

（四）中俄两国派员查勘"从前未经定明边界"（实际上是要借此侵占中国领土）；

（五）日后中国若给予其他国家以通商等特权，俄国得一律享受。

### 5.《中美天津条约》

原称《中美和好条约》，第二次鸦片战争期间美国以调停为名诱迫清政府订立的不平等条约。1858 年（咸丰八年）6 月 18 日清钦差大臣桂良、花沙纳与美国驻华公使列卫廉在天津签订。共三十款。主要内容：

（一）清政府倘准许其他国家公使驻北京，应准美国一律照办；

（二）增开潮州、台湾（台南）为通商口岸（后来开埠时潮州口岸设在汕头）；

（三）耶稣教教士得自由传教；

（四）扩大片面的最惠国待遇，即：清政府给其他国家的特权，"无论关涉船只海面、通商贸易、政事交往等事情"，美国得"一体均沾"；

（五）确定领事裁判权。

【史料解析】

《中英天津条约》使英国又获得了一系列侵略特权。它为英国通过其驻华使领人员对中国中央政府及地方政府施加影响提供了条件，并使得英国的势力扩展到了华南、长江流域和东北，更加靠近出口货物的产地和进口货物的行销地，从而更加有利于其向中国倾销商品和掠夺中国的原料，对中国的社会经济造成了巨大的破坏。

通过《中法天津条约》，中国被迫开放新口岸，允许内江通航通商,使法国殖民者可以进一步进入中国进行掠夺,给中国社会政治、经济带来了严重的影响,加速了中国的半殖民地化。

通过《中俄天津条约》,沙俄取得了第一次鸦片战争后力图取得的沿海通商权利,并凭借最惠国待遇条款,一举取得了英、法、美等国日后在中国可能获得的侵略权益。同时,该约为俄国以勘界为名进一步割占中国领土埋下了伏笔。

在《中美天津条约》的签订过程中,美国利用英、法武装侵略给清政府造成的困境,不费一兵一卒最大限度地实现了自己的侵略要求。通过这个条约,美国获得了远比《望厦条约》更广泛的侵略权益,同时以周详严密的片面最惠国条款,坐享英、法等国在第二次鸦片战争中攫取的一切特权。《中美天津条约》既是美国对中国主权进行粗暴践踏的历史罪证,也是美国推行合作侵华政策的典型产物。

## 三、《北京条约》

《北京条约》,包括《中英北京条约》《中法北京条约》《中俄北京条约》,是第二次鸦片战争后清朝政府在北京分别与英国、法国、俄国签订的不平等条约。清政府委任钦差大臣奕䜣作为谈判及签约代表。签约地点在北京礼部衙门,今天安门广场东南角。

【史料】

**1.《中英北京条约》**

清政府与英国于 1860 年 10 月 24 日签订条约,英方代表为额尔金伯爵。条文主要内容如下:

清朝确认中英《天津条约》有效性;

清朝割让广东新安县(今香港界限街以南)的九龙半岛给英国;

清朝增开天津为商埠；

增加中英《天津条约》的赔款至八百万两；

允许西方传教士到中国租买土地及兴建教堂；

容许外国商人招聘汉人出洋工作,充当廉价劳工(苦力)。

## 2.《中法北京条约》

清政府与法国于 1860 年 10 月 25 日签订条约,法国代表为葛罗男爵。条文主要内容如下:

清朝批准中法《天津条约》,赔款增为八百万两；

归还从前没收的天主教财产；

中文条约第七款明定法国传教士在各省租买田地及建造自便,但法文版无此条；

清朝同意开放大连为商埠。

## 3.《中俄北京条约》

清政府与俄国于 1860 年 11 月 14 日签订条约,俄国代表为伊格那提耶夫伯爵。条文主要内容为:

清朝承认 1858 年的《瑷珲条约》的有效性,并将原先规定为中俄"共管"的乌苏里江以东至海之地(包括库页岛以及不冻港海参崴在内)约四十万平方公里归俄国所属,从此中国失去了东北地区对日本海的出海口；

规定中俄西段疆界,自沙宾达巴哈起经斋桑卓尔、特穆尔图卓尔(今伊塞克湖)至浩罕边界,"顺山岭、大河之流及现在中国常驻卡伦等处"为界；

开放张家口、库伦、喀什噶尔为商埠；

俄国在库伦、喀什噶尔设立领事馆。

两项条约划定了俄国和中国的现代的东部疆界。另外,条约中为中俄西段边界走向做出了原则规定,成为后来 1864 年《中俄勘分西北界约记》的分界基础,中国将巴尔喀什湖以东、以南和斋桑卓尔南北四十四万多平方公里的中国领土割给俄国。

【史料解析】

《北京条约》是《天津条约》的扩大,不仅承认《天津条约》有效,还让英、法为首的西方资本主义国家攫取了更多的侵略权益。侵略势力从沿海各地扩大到长江中下游地区,中国的半殖民地半封建化进一步加深。中国人民的灾难日益深重。

# 第 17 课　国家出路的探索与列强侵略的加剧

## 一、《天朝田亩制度》

《天朝田亩制度》是太平天国时期颁发的一部纲领性文件,体现了一定的平等思想,由洪秀全于 1853 年建都天京(今南京)后颁布。主要内容涉及"凡天下田,天下人同耕"、余粮和余钱缴"国库"的办法,废除封建买卖婚姻。从实行来看,太平天国在其占领区多次颁布该制度,但未实施平分土地的规定。

【史料】

凡分田,照人口,不论男女,算其家人口多寡,人多则分多,人寡则分寡，杂以九等。如一家六人，分三人好田，分三人丑田，好丑各一半。凡天下田，天下人同耕，此处不足，则迁彼处，彼处不足，则迁此处。……

凡天下，树墙下以桑。凡妇蚕绩缝衣裳。凡天下，每家五母鸡，二母蔬，无失其时。凡当收成时，两司马督伍长，除足其二十五家每人所食可接新谷外，余则归国库。凡麦、豆、芝麻、布帛、鸡、犬各物及银钱亦然。盖天下皆是天父上主皇上帝一大家，天下人人不受私，物物归上主，则主有所运用，天下大家，处处平均，人人饱暖矣……

…………

凡天下每一夫有妻子女三、四口，或五、六、七、八、九口，则出一人为兵。其余鳏寡孤独废疾免役，皆颁国库以养。

——《天朝田亩制度》

【史料解析】

《天朝田亩制度》是太平天国的纲领性文件，主张人人平等，男女平等，具有推翻封建土地制度的革命精神，但带有浓厚的绝对平均主义的空想，这个矛盾是由农民小生产者的经济地位决定的。太平天国领袖们绘制的平分土地和社会经济生活的蓝图，实际上是不可能实现的。

## 二、《马关条约》

《马关条约》是中国清朝政府和日本明治政府于 1895 年 4 月 17 日在日本马关（今山口县下关市）签订的不平等条约。中方全权代表为李鸿章、李经方，日方全权代表为伊藤博文、陆奥宗光。根据条约规定,中国割让辽东半岛(后因三国干涉还辽而未能得逞)、台湾岛及其附属各岛屿、澎湖列岛给日本,赔偿日本两亿两白银。中国还增开沙市、重庆、苏州、杭州为商埠,并允许日本在中国的通商口岸投资办厂。《马关条约》使日本获得巨大利益,刺激了日本的侵略野心。与此同时,条约也使中国民族危机空前严重,半殖民地化程度大大加深。该条约适应了帝国主义列强对华资本输出的需要,随后列强掀起了瓜分中国的狂潮。

【史料】

第二款

中国将管理下开地方之权并将该地方所有堡垒、军器、工厂及一切属公物件,永远让与日本。

(一)下开划界以内之奉天省南边地方。从鸭绿江口溯该江抵安平河口,又从该河口划至凤凰城、海城及营口而止,画成折线以南地方;所有前开各城市邑,皆包括在划界线内。

该线抵营口之辽河后,即顺流至海口止,彼此以河中心为分界。辽东湾东岸及黄海北岸在奉天所属诸岛屿,亦一并在所让界内。

(二)台湾全岛及所有附属各岛屿。

(三)澎湖列岛。即英国格林尼次东经百十九度起至百二十度止及北纬二十三度起至二十四度之间诸岛屿。

············

第四款

中国约将库平银二万万两交与日本,作为赔偿军费。······

第六款

············

(一)见今中国已开通商口岸以外,应准添设下开各处,立为通商口岸;以便日本臣民往来侨寓、从事商业工艺制作。所有添设口岸,均照向开通商海口或向开内地镇市章程一体办理;应得优例及利益等,亦当一律享受:

湖北省荆州府沙市;

四川省重庆府;

江苏省苏州府;

浙江省杭州府。

日本政府得派遣领事官于前开各口驻扎。

——《马关条约》

【史料解析】

《马关条约》的签订是中国近代史上的一个大转折,对这古老的帝国来说,东亚霸主的地位被弹丸小国取代,犹如晴天霹雳。其历史影响极其深远,帝国的覆亡、民国军阀的形成以及中国亟待解决的台湾问题和钓鱼岛问题等都与之息息相关。条款非常苛刻,巨额赔款相当于清政府三年的财政收入,使清政府不得不靠举借外债应付,列强则通过贷款控制中国的经济命脉。

# 第18课　挽救民族危亡的斗争

## 一、《孔子改制考》

康有为从《公羊》"三世"学说出发,认为"据乱世"就是君主专制时代，"开平世"是君主立宪时代，"太平世"是民主共和时代。人类社会必然沿着"据乱、开平、太平"三世的顺序渐次向前发展。认为"六经"皆孔子为托古改制而作，尧、舜等都是孔子改制假托的圣王。借孔子的名义，为维新变法制造舆论，对推动戊戌变法有很大影响。

【史料】

天既哀地生人之多艰，黑帝乃降精而救民患，为神明，为圣王，为万世作师，为万民作保，为大地教主。生于乱世，乃据乱世而立三世之法，而垂精太平……

夫两汉君臣儒生，尊从《春秋》拨乱之制，而杂以霸术，犹未尽行也。圣制萌芽，新歆遽出，伪《左》盛行，古文篡乱。于是削移孔子之经而为周公，降孔子之圣王而为先师；《公羊》之学废，改制之义湮，三世之说微；太平之治，大同之乐，暗而不明，郁而不发。我华我夏，杂以魏晋隋唐佛老词章之学，乱以氐羌、突厥、契丹、蒙古之风，非惟不识太平，并求汉人拨乱之义，亦乖刺而不可得。而中国之民遂二千年被暴主夷狄之酷政，耗矣。哀哉！

朱子生于大统绝学之后，揭鼓扬旗而发明之。多言义，而寡言仁；知省身救过，而少救民患；蔽于据乱之说，而不知太平大同之义。杂以佛老，其道觳苦。所以为治教者，亦仅如东周、刘蜀、萧察之偏安而已。大昏也，博夜也，冥冥汶汶，雾雾雾，重重锢昏，皎日坠渊。万百亿千缝披俊民，跂跂脉脉而望，篝灯而求明，囊萤而自珍，然卒不闻孔子天地之全，太平之治，大同之乐。悲夫！

——《孔子改制考》

【史料解析】

1895 年,在民族危机空前严重的情况下,康有为集结数百名举人发起"公车上书",后来他又创立学会,办报刊,大力从事变法的组织和宣传工作,多次向皇帝上书,争得了 1898 年的"百日维新"。《孔子改制考》是一部被称作"火山大喷发"一样的变法理论著作,是康有为等人倡导变法维新的理论根据,共二十一卷。这部书集中体现了康有为的政治思想——大同思想。这种思想的核心是把西方资产阶级进化论学说和中国传统的今文哲学中变易的哲学观点融为一体,又吸收了《礼运》的小康大同说,附会公羊三世论,认为人类社会是循着"据乱世—升平世—太平世"的规律发展,最终达到"政府皆由民造"、天下为公的大同世界。同时,为了宣扬大同思想,康有为对当时占据统治地位的朱熹思想也进行大胆的讥讽,指责程朱理学只注重宣传纲常教义,束缚人们的手脚,禁锢人们的头脑,而不注意解决实际问题,把人们从现实的苦难中解救出来。

## 二、《辛丑条约》

《辛丑条约》,亦称《辛丑各国和约》,是中国清政府和大英帝国、美利坚合众国、法兰西第三共和国、德意志帝国、俄罗斯帝国、日本帝国、意大利王国、奥匈帝国、西班牙王国、尼德兰王国、比利时王国十一国政府在义和团运动失败、八国联军攻入北京后签订的一个不平等条约。条约签订于光绪二十七年(1901 年,辛丑年)七月二十五日,故名辛丑条约。

## 【史料】

### 第一款

（一）大德国钦差男爵克大臣被戕害一事，前于西历本年六月初九日即中历四月二十三日，奉谕旨亲派醇亲王载沣为头等专使大臣；赴大德国大皇帝前，代表大清国大皇帝暨国家惋惜之意。醇亲王已遵旨于西历本年七月十二日即中历五月二十七日，自北京起程。

（二）大清国国家业已声明，在遇害该处所竖立铭志之碑，与克大臣品位相配，列叙大清国大皇帝惋惜凶事之旨，书以拉丁、德、汉各文。前于西历本年七月二十二日即中历六月初七日，经大清国钦差全权大臣文致太德国钦差全权大臣（附件三）。现于遇害处所建立牌坊一座，足满街衢，已于西历本年六月二十五日即中历五月初十日兴工。

### 第二款

（一）惩办伤害诸国国家及人民之首祸诸臣。……

（二）上谕将诸国人民遇害被虐之城镇停止文武各等考试五年（附件八）。

### 第三款

因大日本国使馆书记生杉山彬被害，大清国大皇帝从优荣之典，已于西历本年六月十八日即中历五月初三日降旨简派户部侍郎那桐为专使大臣，赴大日本国大皇帝前，代表大清国大皇帝及国家惋惜之意（附件九）。……

## 第六款

上谕大清国大皇帝允定付诸国偿款海关银四百五十兆两,此款系西历一千九百年十二月二十二日即中历光绪二十六年十一月初一日条款内第二款所载之各国各会各人及中国人民之赔偿总数(附件十二)。

············

## 第七款

大清国国家允定各使馆境界以为专与住用之处。并独由使馆管理。中国民人,概不准在界内居住。亦可由行防守,使馆界线于附件之图上标明如后······

## 第八款

大清国国家应允将大沽炮台及有碍京师至海通道之各炮台一律削平,现已设法照办。

## 第九款

按照西历1901年正月十六日即中历上年十一月二十六日文内后附之条款,中国国家应允由诸国分应主办,会同酌定数处留兵驻守,以保京师至海通道无断绝之处。今诸国驻防之处,系黄村、郎坊、杨村、天津军粮城、塘沽、芦台、唐山、滦州、昌黎秦王岛、山海关。

············

## 第十二款

西历本年七月二十四日即中国六月初九日降旨,将总理各国事务衙门按照诸国酌定改为外务部,班列六部之前。······

【史料解析】

　　《辛丑条约》是中国近代史上赔款数目最庞大、主权丧失最严重、精神屈辱最深沉，从而给中国人民带来空前灾难的不平等条约。内容大致可分为四个方面：一、道歉，二、惩戒，三、修约，四、外交改制。它的签订，进一步加强了帝国主义对中国的全面控制和掠夺，表明清政府已完全成为帝国主义统治中国的工具，标志着中国已完全沦为半殖民地半封建社会。

# 第六单元

## 辛亥革命与中华民国的建立

# 第 19 课　辛亥革命

## 一、《民报》

《民报》是中国同盟会的机关报,1905 年 11 月 26 日创刊于东京。《民报》发刊词为同盟会领导人孙中山所撰,第一次提出了三民主义。这是资产阶级民族民主革命三大纲领,为当时政治革命的最高奋斗目标,成为当时进步的政治团体(包括文学团体)的旗帜。《民报》当时所起的重要作用之一是,与梁启超等改良派所主办的《新民丛报》尖锐论战,驳斥改良派的君主立宪、开明专制,促进革命运动的发展,指导广大革命群众斗争的方向。

【史料】

近时杂志之作者亦夥矣。娇词以为美,嚣听而无所终,摘埴索涂不获,则反覆其词而自惑。求其斟时弊以立言,如古人所谓对症发药者,已不可见,而况夫孤怀宏识、远瞩将来者乎? 夫缮群之道,与群俱进,而择别取舍,惟其最宜。此群之历史既与彼群殊,则所以掖而进之之阶级,不无后先进止之别。由之不贰,此所以为舆论之母也。

余维欧美之进化，凡以三大主义：曰民族，曰民权，曰民生。罗马之亡，民族主义兴，而欧洲各国以独立。洎自帝其国，咸行专制，在下者不堪其苦，则民权主义起。十八世纪之末，十九世纪之初，专制仆而立宪政体殖焉。世界开化，人智益蒸，物质发舒，百年锐于千载，经济问题继政治问题之后，则民生主义跃跃然动，二十世纪不得不为民生主义之擅场时代也。是三大主义皆基本于民，递嬗变易，而欧美之人种胥冶化焉。其他旋维于小己大群之间而成为故说者，皆此三者之充满发挥而旁及者耳。

今者中国以千年专制之毒而不解，异种残之，外邦逼之，民族主义、民权主义殆不可以须史缓。而民生主义，欧美所虑积重难返者，中国独受病未深，而去之易。是故或于人为既往之陈迹，或于我为方来之大患，要为缮吾群所有事，则不可不并时而弛张之。嗟夫！所陟卑者其所视不远，游五都之市，见美服而求之，忘其身之未称也，又但以当前者为至美。近时志士舌敝唇枯，惟企强中国以比欧美。然而欧美强矣，其民实困，观大同盟罢工与无政府党、社会党之日炽，社会革命其将不远。吾国纵能媲迹于欧美，犹不能免于第二次之革命，而况追逐于人已然之末轨者之终无成耶！夫欧美社会之祸，伏之数十年，及今而后发见之，又不能使之遽去。吾国治民生主义者，发达最先，睹其祸害于未萌，诚可举政治革命、社会革命毕其功于一役。还视欧美，彼且瞠乎后也。

翳我祖国，以最大之民族，聪明强力，超绝等伦，而沉梦不起，万事堕坏；幸为风潮所激，醒其渴睡，旦夕之间，奋发振强，励精不已，则半事倍功，良非夸嫚。惟夫一群之中，有少数最良之心理能策其群而进之，使最宜之治法适应于吾群，吾群之进步适应于世界，此先知先觉之天职，而吾《民报》所为作也。抑非常革新之学说,其理想输灌于人心而化为常识,则其去实行也近。吾于《民报》之出世觇之。

——《民报》发刊词

【史料解析】

《民报》发刊词是孙中山在《民报》创刊号上发表的文章,在发刊词中,孙中山就目前的知识分子现状做了分析,同时又分析了欧美各国推行三民主义使国家强盛的事实以及三民主义在当时中国可以实现的途径,表达了他推行三民主义的愿望。

## 二、《中华民国临时约法》

《中华民国临时约法》(以下简称《临时约法》)是辛亥革命胜利后制定,由以孙中山为首、建都于南京的中华民国临时政府颁布的具有宪法性质的根本大法,是中国第一部资产阶级性质的宪法。1912 年 3 月 11 日取代《中华民国临时政府组织大纲》开始施行,1914 年 5 月 1 日被袁世凯公布的《中华民国约法》取代,1916 年 6 月 29 日为大总统黎元洪所恢复。

【史料】

**第一章　总纲**

第一条　中华民国由中华人民组织之。

第二条　中华民国之主权属于国民全体。

第三条　中华民国领土为二十二行省、内外蒙古、西藏、青海。
(注:新疆省在二十二行省里面)

第四条　中华民国以参议院、临时大总统、国务员、法院行使其统治权。

## 第二章　人民

第五条　中华民国人民一律平等,无种族、阶级、宗教之区别。

第六条　人民得享有左列各项之自由权:

一　人民之身体非依法律,不得逮捕、拘禁、审问、处罚;

二　人民之家宅非依法律不得侵入或搜索;

三　人民有保有财产及营业之自由;

四　人民有言论、著作、刊行及集会结社之自由;

五　人民有书信秘密之自由;

六　人民有居住迁徙之自由;

七　人民有信教之自由。

第七条　人民有请愿于议会之权。

第八条　人民有陈诉于行政官署之权。

第九条　人民有诉讼于法院受其审判之权。

第十条　人民对于官吏违法损害权利之行为,有陈诉于平政院之权。

第十一条　人民有应任官考试之权。

第十二条　人民有选举及被选举之权。

第十三条　人民依法律有纳税之义务。

第十四条　人民依法律有服兵之义务。

第十五条　本章所载民之权利,有认为增进公益、维持治安或非常紧急必要时,得依法律限制之。

## 第三章　参议院

第十六条　中华民国之立法权以参议院行之。

第十七条　参议院以第十八条所定各地方选派之参议员组织之。

第十八条　参议员每行省、内蒙古、外蒙古、西藏各选派五人，青海选派一人。其选派方法由各地方自定之。

参议院会议时每参议员有一表决权。

第十九条　参议院之职权如左：

一　议决一切法律案；

二　议决临时政府之预算、决算；

三　议决全国之税法、币制及度量衡之准则；

四　议决公债之募集及国库有负担之契约；

五　承诺第三十四条、三十五条、四十条事件；

六　答复临时政府咨询事件；

七　受理人民之请愿；

八　得以关于法律及其他事件之意见建议于政府；

九　得提出质问书于国务员，并要求其出席答复；

十　得咨请临时政府查办官吏纳贿违法事件；

十一　参议院对于临时大总统认为有谋叛行为时，得以总员五分四以上之出席，出席员四分三以上之可决弹劾之；

十二　参议院对于国务员认为失职或违法时，得以总员四分三以上之出席，出席员三分二以上之可决弹劾之。

第二十条　参议院得自行集会开会闭会。

第二十一条　参议院之会议须公开之。但有国务员之要求或出席参议员过半数之可决者，得秘密之。

第二十二条　参议院议决事件咨由临时大总统公布施行。

第二十三条　临时大总统对于参议院议决事件，如否认时，得于咨达后十日内声明理由，咨院覆议。但参议院对于覆议事件，如有到会参议员三分二以上仍执前议时,仍照第二十二条办理。

第二十四条　参议院议长由参议员用记名投票法互选之,以得票满投票总数之半者为当选。

第二十五条　参议院参议员于院内之言论及表决,对于院外不负责任。

第二十六条　参议院参议员除现行犯及关于内乱外患之犯罪外,会期中非得本院许可,不得逮捕。

第二十七条　参议院法由参议院自定之。

第二十八条　参议院以国会成立之日解散。其职权由国会行之。


## 第四章　临时大总统、副总统

第二十九条　临时大总统、副总统由参议院选举之。以总员四分三以上出席,得票满投票总数三分二以上者为当选。

第三十条　临时大总统代表临时政府,总揽政务,公布法律。

第三十一条　临时大总统为执行法律或基于法律之委任,得发布命令并得使发布之。

第三十二条　临时大总统统帅全国海陆军队。

第三十三条　临时大总统得制定官制官规,但须提交参议院议决。

第三十四条　临时大总统任免文武职员,但任命国务员及外交大使、公使,须得参议院之同意。

第三十五条　临时大总统经参议院之同意,得宣战、媾和及缔结条约。

第三十六条　临时大总统得依法律宣告戒严。

第三十七条　临时大总统代表全国接受外国之大使、公使。

第三十八条　临时大总统得提出法律案于参议院。

第三十九条　临时大总统得颁给勋章并其他荣典。

第四十条临　时大总统得宣告大赦、特赦、减刑、复权。但大赦须经参议院之同意。

第四十一条　临时大总统受参议院弹劾后,由最高法院全院审判官互选九人,组织特别法庭审判之。

第四十二条　临时副总统于临时大总统因故去职或不能视事时,得代行其职权。

## 第五章　国务员

第四十三条　国务总理及各部总长均称为国务员。

第四十四条　国务员辅佐临时大总统负其责任。

第四十五条　国务员于临时大总统提出法律案、公布法律及发布命令时,须副署之。

第四十六条　国务员及其委员得于参议院出席及发言。

第四十七条　国务员受参议院弹劾后,临时大总统应免其职。但得交参议院覆议一次。

## 第六章　法院

第四十八条　法院以临时大总统及司法总长分别任命之法官组织之。

法院之编制及法官之资格以法律定之。

第四十九条　法院依法律审判民事诉讼及刑事诉讼。

但关于行政诉讼及其他特别诉讼,别以法律定之。

第五十条　法院之审判须公开之。但有认为妨害安宁秩序者得秘密之。

第五十一条　法官独立审判,不受上级官厅之干涉。

第五十二条　法官在任中不得减俸或转职。非依法律受刑罚宣告或应免职之惩戒处分,不得解职。惩戒条规以法律定之。

## 第七章　附则

第五十三条　本约法施行后限十个月内,由临时大总统召集国会。其国会之组织及选举法由参议院定之。

第五十四条　中华民国之宪法由国会制定。宪法未施行以前,本约法之效力与宪法等。

第五十五条　本约法由参议院参议员三分二以上,或临时大总统之提议,经参议员五分四以上之出席,出席员四分三之可决,得增修之。

第五十六条　本约法自公布之日施行。

临时政府组织大纲于本约法施行之日废止。

——《中华民国临时约法》

【史料解析】

《临时约法》是资产阶级宪法性质的文献,它宣告了封建君主专制制度的灭亡和资产阶级民主共和政体的确立。《临时约法》不仅具有反对封建君主专制制度的意义,而且也具有反对帝国主义侵略、反对民族分裂的作用。《临时约法》主要缺点是没有规定反帝反封建的民主革命纲领,没有解决农民的土地问题,因此它不能得到广大人民群众的支持。

# 第 20 课　北洋军阀统治时期的政治、经济与文化

## 一、"中日民四条约"

"中日民四条约"是袁世凯政府与日本围绕"二十一条"进行多次谈判最终确定的修正案,于民国四年(1915 年)5 月 25 日在北京签署,由《关于山东省之条约》《关于南满洲及东部内蒙古之条约》及 13 件换文组成,总称"中日民四条约"。

【史料】

大中华民国大总统阁下及大日本国大皇帝陛下,为发展在南满洲及东部内蒙古两国之经济关系起见,决定缔结条约。为此,大中华民国大总统阁下任命中卿一等嘉禾勋章外交总长陆徵祥,大日本国大皇帝陛下任命特命全权公使从四位勋二等日置益为全权委员,各全权委员互示其全权委任状,认为良好妥当,议定条项如左:

第一条　两缔约国约定,将旅顺、大连租借期限并南满洲及安奉两铁路之期限均展至九十九年为期;

第二条　日本国臣民在南满洲为盖造商、工业应用之房厂或为经营农业,得商租其需用地亩;

第三条　日本国臣民得在南满洲任便居住、往来,并经营商、工业等一切生意;

第四条　如有日本国臣民及中国人民愿在东部内蒙古合办农业及附随工业时,中国政府可允准之;

第五条　前三条所载之日本国臣民,除须将照例所领之护照向地方官注册外,应服从中国警察法令及课税。

民、刑诉讼,日本国臣民为被告时,归日本国领事官,又中国人民为被告时,归中国官吏审判;彼此均得派员到堂旁听。但关于土地之日本国臣民与中国人民之民事诉讼,按照中国法律及地方习惯,由两国派员共同审判。

将来该地方之司法制度完全改良时,所有关于日本国臣民之民、刑一切诉讼即完全由中国法庭审判;

第六条　中国政府允诺,为外国人居住、贸易起见,从速自开东部内蒙古合宜地方为商埠;

第七条　中国政府允诺,以向来中国与各外国资本家所订之铁路借款合同规定事项为标准,速行从根本上改订吉长铁路借款合同。

将来中国政府、关于铁路借款事项,将较现在各铁路借款合同为有利之条件给与外国资本家时,依日本国之希望再行改订前项合同;

第八条　关于东三省中、日现行各条约,除本条约另有规定外,一概仍照旧实行;

第九条　本条约由盖印之日起即生效力。本条约应由大中华民国大总统阁下、大日本国大皇帝陛下批准。其批准书,速在东京互换。

为此两国全权委员,缮成中文、日本文各二份,彼此于此约内签名盖印,以昭信守。

中华民国四年五月二十五日

大正四年五月二十五日

大中华民国中卿一等嘉禾勋章外交总长陆徵祥

大日本帝国特命全权公使从四位勋二等日置益

订于北京

——《关于南满洲及东部内蒙古之条约》

【史料解析】

1915 年 2 月 2 日,日本趁欧美各国无暇东顾之际,秘密向袁世凯提出了与借款案有相同点的"二十一条"之要求,并逼迫北洋政府承认日本取代德国在华的一切特权,进一步扩大日本在"满洲"及蒙古的权益。袁世凯政府采取各种办法拖延时间并向社会各界透漏日本之无理要求,以期国际社会干涉此事,并唤起国内民众舆论讨伐日本。美国政府闻讯,虽对日本提出抗议,但日方并没有收回其主要要求。从 1915 年 2 月 2 日到 5 月 7 日,历时 105 天,袁世凯政府与日方谈判 20 多次。在谈判中,中国代表对日本的要求多有抵制。中国国内民众反对"二十一条"的呼声也日渐高涨,日本代表提出最后修正案,做出一些小让步,并以最后通牒方式迫使中方接受。袁世凯政府于 1915 年 5 月 9 日回应了日方的最后通牒,并且把 5 月 9 日定为"中国国耻日",史称"五九国耻"。1915 年 5 月 25 日双方在北京签署《关于山东省之条约》《关于南满洲及东部内蒙古之条约》及 13 件换文,总称"中日民四条约",与"二十一条"原案比较,中国损失已减小到最低程度。

## 二、《新青年》

《新青年》是 20 世纪 20 年代中国一份具有影响力的革命杂志,原名《青年杂志》,第二卷起改称《新青年》,由陈独秀在上海创立。该杂志发起新文化运动,前期宣传倡导科学("赛先生",Science)、民主

（"德先生"，Democracy）和新文学，后期以传播马克思主义为主，在五四运动期间起到重要作用。自 1915 年 9 月 15 日创刊号至 1926 年 7 月终刊共出 9 卷 54 号。

**【史料】**

1. 今之谈文学改良者众矣，记者末学不文，何足以言此。然年来颇于此事再四研思，辅以友朋辩论，其结果所得，颇不无讨论之价值。因综括所怀见解，列为八事，分别言之，以与当世之留意文学改良者一研究之。

吾以为今日而言文学改良，须从八事入手。八事者何？

一曰，须言之有物。

二曰，不摹仿古人。

三曰，须讲求文法。

四曰，不作无病之呻吟。

五曰，务去滥调套语。

六曰，不用典。

七曰，不讲对仗。

八曰，不避俗字俗语。

——《文学改良刍议》

2. 马克思的唯物史观有二要点：其一是关于人类文化的经验的说明；其二即社会组织进化论。其一是说人类社会生产关系的总和，构成社会经济的构造。这是社会的基础构造。一切社会上政治的、法制的、伦理的、哲学的，简单说，凡是精神上的构造，都是随着经济的构造变化而变化。……其二是说生产力与社会组织有密切的关系。生产力一有变动，社会组织必须随着他变动；社会组织即生产关系,也是与布帛菽粟一样,是人类依生产力产出的产物。……生产力在那里发展的社会组织,当初虽然助长生产力的发展,后来发展的力量到那社会组织不能适应的程度,那社会组织不但不能助他,反倒来缚他、妨碍他了。而这生产力虽在那束缚他、妨碍他的社会组织中,仍是向前发展不已。发展的力量愈大,与那不能适应他的组织间冲突愈迫,结局这旧社会组织非至崩坏不可。这就是社会革命。

——《我的马克思主义观》

【史料解析】

著名学者胡适是积极推动白话诗的先驱者。他1917年1月发表的《文学改良刍议》,是倡导文学革命的第一篇文章。1916年底,在美国留学的胡适,将其《文学改良刍议》的文稿寄给了陈独秀主编的《新青年》,该文稿发表在第2卷5期上。接着,陈独秀在下一期刊登了自己撰写的《文学革命论》进行声援。翌年,1918年5月,鲁迅又在该刊第4卷5期发表了《狂人日记》。于是,中国现代文学迈出了艰辛的第一步。《我的马克思主义观》是李大钊于1919年在《新青年》上刊登的一篇文章。该文章论述了李大钊对于马克思主义的见解,极大推动了马克思主义在中国的传播。

# 第七单元

中国共产党成立与新民主主义革命兴起

## 第21课　五四运动与中国共产党的诞生

### 一、五四运动

1919年巴黎和会上中国外交的失败，引发了伟大的五四运动。五四运动是1919年5月4日发生在北京的一场以青年学生为主，广大群众、市民、工商人士等阶层共同参与的，通过示威游行、请愿、罢工、暴力对抗政府等多种形式进行的爱国运动，是中国人民彻底的反对帝国主义、封建主义的爱国运动，又称"五四风雷"。

【史料】

1.现在日本在万国和会要求并吞青岛，管理山东一切权利，就要成功了！他们的外交大胜利了！我们的外交大失败了！山东大势一去，就是破坏中国的领土！中国的领土破坏，中国就亡了！所以我们学界今天排队到各公使馆去，要求各国出来维持公理，务望全国工、商各界，一律起来设法开国民大会，外争主权，内除国贼。中国存亡，就在此一举了！今与全国同胞立两个信条道：中国的土地可以征服而不可以断送！中国的人民可以杀戮而不可以低头！国亡了！同胞起来呀!

——《北京学界全体宣言》(白话文宣言,罗家伦起草)

2.呜呼国民!我最亲最爱最敬佩最有血性之同胞!我等含冤受辱,忍痛被垢,于日本人之密约危险,以及朝夕祈祷之山东问题,青岛归还问题,今已有由五国公管,降而为中、日直接交涉之提议矣。噩耗传来,黯天无色。夫和议正开,我等所希望所庆祝者,岂不曰世界上有正义、有人道、有公理。归还青岛,取消中日密约、军事协定,以及其他不平等之条约,公理也,即正义也。背公理而逞强权,将我之土地由五国公管,侪我于战败国如德、奥之列,非公理、非正义也。今又显然背弃,山东问题,由我与日本直接交涉。夫日本,虎狼也,既能以一纸条文,窃掠我二十一条之美利,则我与之交涉,简言之,是断送耳,是亡青岛耳,是亡山东耳。夫山东北扼燕、晋,南拱鄂、宁,当京汉、津浦两路之冲,实南北之咽喉关键。山东亡,是中国亡矣。我同胞处此大地,有此山河,岂能目睹此强暴之欺凌我、压迫我、奴隶我、牛马我、而不作万死一生之呼救乎。

——《北京学生界宣言》(文言文宣言,许德珩起草)

【史料解析】

五四运动是一场伟大的群众爱国运动。它的斗争对象直指帝国主义和北洋军阀政府,表现出的反帝反封建的彻底性是史上前所未有的。它充分发动了群众,工、商、学联合起来,农民也有部分参加了,实际上它揭开了全民族进行彻底的反帝反封建斗争的序幕。同时五四运动又是一场深刻的思想解放运动。五四运动还是一个分水岭,揭开了新民主主义革命的序幕。从此,无产阶级登上了政治舞台,为中国共产党的成立创造了阶级上、思想上和干部上的条件。

121

## 二、中共一大

中共一大,即中国共产党第一次全国代表大会,于 1921 年 7 月 23 日至 31 日在上海法租界和浙江嘉兴南湖秘密召开,出席大会的各地代表共 13 人。因突遭法国巡捕搜查,被迫休会。7 月底,中共一大代表毛泽东、董必武、陈潭秋、王尽美、邓恩铭、李达等,由李达夫人王会悟做向导,从上海乘火车转移到嘉兴,最后转登王会悟预订的游船,并在游船中庄严宣告中国共产党的诞生。

【史料】

一、我们的党定名为"中国共产党"。

二、我们党的纲领如下:

(1)革命军队必须与无产阶级一起推翻资本家阶级的政权,必须援助工人阶级,直到社会阶级区分消除的时候;

(2)直至阶级斗争结束为止,即直到社会的阶级区分消灭为止,承认无产阶级专政;

(3)消灭资本家私有制,没收机器、土地、厂房和半成品等生产资料;

(4)联合第三国际。

三、我们党承认苏维埃管理制度,要把工人、农民和士兵组织起来,并以社会革命为自己政策的主要目的。中国共产党彻底断绝与资产阶级的黄色知识分子及与其类似的其他党派的任何联系。

四、凡承认本党党纲和政策,并愿成为忠实的党员者,经党员一人介绍,不分性别,不分国籍,都可以接收为党员,成为我们的同志。但是在加入我们的队伍以前,必须与那些与我们的纲领背道而驰的党派和集团断绝一切联系。

——《中国共产党第一个纲领》(原件系俄文)

【史料解析】

党的第一次全国代表大会正式宣告了中国共产党的诞生,从此,在中国出现了一个完全崭新的,以马克思列宁主义为其行动指南的,统一的无产阶级政党。中国的无产阶级因此有了战斗的司令部,中国的劳苦大众从此有了翻身的希望,中国的革命从此焕然一新。由于党的一大召开于 7 月,而在战争年代档案资料难寻,具体开幕日期无法查证,因此,1941 年在党成立 20 周年之际,中共中央发文正式规定,7 月 1 日为党的诞生纪念日(党的生日)。

## 三、中共二大

中国共产党第二次全国代表大会于 1922 年 7 月 16 日至 23 日在上海举行。二大在一大纲领基础上,着重确定现阶段的革命任务,发表了《中国共产党第二次全国代表大会宣言》,实际上制定了中国共产党在民主革命阶段的主要纲领,即:消除内乱,打倒军阀,建设国内和平;推翻国际帝国主义的压迫,达到中华民族完全独立;统一中国为真正的民主共和国。二大宣言初步阐明了现阶段中国革命的性质、对象、动力、策略、任务和目标,指明了中国革命的前途。

【史料】

各种事实证明,加给中国人民(无论是资产阶级、工人或农人)最大的痛苦的是资本帝国主义和军阀官僚的封建势力,因此反对那两种势力的民主主义的革命运动是极有意义的;即因民主主义革命成功,便可得到独立和比较的自由。因此我们无产阶级审察今日中国的政治经济状况,我们无产阶级和贫苦的农民都应该援助民主主义革命运动。而且我们无产阶级相信在现今的奋斗进行中间,只有无产阶级的革命势力和民主主义的革命势力合同动作,才能使真正民主主义革命格外迅速成功。

### 三 中国共产党的任务及其目前的奋斗

#### (一)

无产阶级去帮助民主主义革命,不是无产阶级降服资产阶级的意义,这是不使封建制度延长生命和养成无产阶级真实力量的必要步骤。

我们无产阶级有我们自己阶级的利益,民主主义革命成功了,无产阶级不过得着一些自由与权利,还是不能完全解放。而且民主主义成功,幼稚的资产阶级便会迅速发展,与无产阶级处于对抗地位。因此无产阶级便须对付资产阶级,实行"与贫苦农民联合的无产阶级专政"的第二步奋斗。如果无产阶级的组织力和战斗力强固,这第二步奋斗是能跟着民主主义革命胜利以后即刻成功的。

#### (二)

中国共产党是中国无产阶级政党。他的目的是要组织无产阶级,用阶级斗争的手段,建立劳农专政的政治,铲除私有财产制度,渐次达到一个共产主义的社会。

中国共产党为工人和贫农的目前利益计,引导工人们帮助民主主义的革命运动,使工人和贫农与小资产阶级建立民主主义的联合战线。中国共产党为工人和贫农的利益在这个联合战线里奋斗的目标是:

(一)消除内乱,打倒军阀,建设国内和平;

(二)推翻国际帝国主义的压迫,达到中华民族完全独立;

(三)统一中国本部(东三省在内)为真正民主共和国;

（四）蒙古、西藏、回疆三部实行自治，成为民主自治邦；

（五）用自由联邦制，统一中国本部、蒙古、西藏、回疆，建立中华联邦共和国；

（六）工人和农民，无论男女，在各级议会、市议会有无限制的选举权，言论、出版、集会、结社、罢工绝对自由；

（七）制定关于工人和农人以及妇女的法律：

1. 改良工人待遇：（甲）废除包工制；（乙）八小时工作制；（丙）工厂设立工人医院及其他卫生设备；（丁）工厂保险；（戊）保护女工和童工；（己）保护失业工人等；

2. 废除丁漕等重税，规定全国——城市及乡村——土地税则；

3. 废除厘金及一切额外税则，规定累进率所得税；

4. 规定限制田租率的法律；

5. 废除一切束缚女子的法律，女子在政治上、经济上、社会上、教育上一律享受平等权利；

6. 改良教育制度，实行教育普及。

上面的七条，是对于工人、农民和小资产阶级都有利益的，是解放他们脱出现下压迫的必要条件。我们一定要为解放我们自己，共同来奋斗！工人和贫农必定要环绕中国共产党旗帜之下再和小资产阶级联合着来奋斗呀！

但是工人们要在这个民主主义联合战线里，不至为小资产阶级的附属物，同时又能为自己阶级的利益奋斗，那么，工人们要组织在共产党和工会里面是非常重要的；所以工人们时常要记得他们是一个独立的阶级，训练自己的组织力和战斗力，预备与贫农联合组织苏维埃，达到完全解放的目的。

中国共产党是国际共产党的一个支部——现在他向中国工人和贫农高声喊叫道：快聚集在共产党旗帜之下奋斗呀！同时，向中国全体被压迫的民众高声喊叫道：一齐来和集在中国共产党旗帜之下的工人和贫农共同奋斗呀！并又高声喊叫道：一齐来和全世界的革命伙伴们并肩前进呀！只有"全世界无产阶级和被压迫民族的联合"是解放全世界的途径呀！前进呀！共同前进！

——《中国共产党第二次全国代表大会宣言》

**【史料解析】**

二大通过的宣言是一份具有重大历史意义的文件。宣言在分析国际国内形势和中国社会性质的基础上，提出在目前的历史条件下反帝反封建的民主革命纲领，即党的最低纲领。宣言又指出：党的目的是要组织无产阶级，用阶级斗争的手段，建立劳农专政的政治，铲除私有财产制度，渐次达到一个共产主义的社会。这表明党的二大宣言坚持了一大纲领所规定的党的最终奋斗目标，即党的最高纲领。这是中国共产党人对中国国情和中国革命问题认识的一次深化，是党把马克思主义基本原理同中国革命实际相结合的一个重要成果。它为灾难深重的中华民族获得独立和解放，为中国革命的正确进行指明了方向。从党的一大确定直接进行社会主义革命，到二大确定首先进行民主革命然后再进行社会主义革命，这是党的战略方针的一次重大转变。

## 四、国民党一大

国民党一大是中国国民党于 1924 年 1 月 20 日－30 日在广州召开的对党进行全面改组、实现国共合作的会议。由于辛亥革命和以后历次斗争的失败，孙中山在共产国际和中国共产党的帮助下，认真总结了中国民主革命的经验教训，决定学习俄国革命的经验和方法，改组国民党,以振兴国民党,进而振兴国家。

【史料】

### 一 中国之现状

中国之革命,发轫于甲午以后,盛于庚子,而成于辛亥,卒颠覆君政。夫革命非能突然发生也。自满洲入据中国以来,民族间不平之气,抑郁已久。海禁既开,列强之帝国主义如怒潮骤至,武力的掠夺与经济的压迫,使中国丧失独立,陷于半殖民地之地位。满洲政府既无力以御外侮,而铃制家奴之政策,且行之益厉,适足以侧媚列强。吾党之士,追随本党总理孙先生之后,知非颠覆满洲,无由改造中国,乃奋然而起,为国民前驱;激进不已,以至于辛亥,然后颠覆满洲之举始告厥成。故知革命之目的,非仅仅在于颠覆满洲而已,乃在于满洲颠覆以后,得从事于改造中国。依当时之趋向,民族方面,由一民族之专横宰制过渡于诸民族之平等结合;政治方面,由专制制度过渡于民权制度;经济方面,由手工业的生产过渡于资本制度的生产。循是以进,必能使半殖民地的中国,变而为独立的中国,以屹然于世界。

…………

由是言之,自辛亥革命以后,以迄于今,中国之情况不但无进步可言,且有江河日下之势。军阀之专横,列强之侵蚀,日益加厉,令中国深入半殖民地之泥犁地狱。此全国人民所为疾首蹙额,而有识者所以彷徨日夜,急欲为全国人民求一生路者也。

### 二 国民党之主义

国民党之主义维何? 即孙先生所提倡之三民主义是已。本此主义以立政纲,吾人以为救国之道,舍此末由。国民革命之逐步进行,皆当循此原则。此次毅然改组,于组织及纪律特加之意,即期于使党员各尽所能,努力奋斗,以求主义之贯彻。去年十一月二十五日孙先生之演说,及此次大会孙先生对于中国现状及国民党改组问题之演述,言之綦详。兹综合之,对于三民主义为郑重之阐明。盖必了然于此主义之真释,然后对于中国之现状而谋救济之方策,始得有所依据也。

(一)民族主义。国民党之民族主义,有两方面之意义:一则中国民族自求解放;二则中国境内各民族一律平等。

⋯⋯⋯⋯⋯

(二)民权主义。国民党之民权主义,于间接民权之外,复行直接民权,即为国民者不但有选举权,且兼有创制、复决、罢官诸权也。民权运动之方式,规定于宪法,以孙先生所创之五权分立为之原则,即立法、司法、行政、考试、监察五权分立是已。凡此既以济代议政治之穷,亦以矫选举制度之弊。近世各国所谓民权制度,往往为资产阶级所专有,适成为压迫平民之工具。若国民党之民权主义,则为一般平民所共有,非少数者所得而私也。于此有当知者:国民党之民权主义,与所谓"天赋人权"者殊科,而唯求所以适合于现在中国革命之需要。盖民国之民权,唯民国之国民乃能享之,必不轻授此权于反对民国之人,使得借以破坏民国。详言之,则凡真正反对帝国主义之个人及团体,均得享有一切自由及权利;而凡卖国罔民以效忠于帝国主义及军阀者,无论其为团体或个人,皆不得享有此等自由及权利。

(三)民生主义。国民党之民生主义,其最要之原则不外二者:一曰平均地权;二曰节制资本。盖酿成经济组织之不平均者,莫大于土地权之为少数人所操纵。故当由国家规定土地法、土地使用法、土地征收法及地价税法。私人所有土地,由地主估价呈报政府,国家就价征税,并于必要时依报价收买之,此则平均地权之要旨也。凡本国人及外国人之企业,或有独占的性质,或规模过大为私人之力所不能办者,如银行、铁道、航路之属,由国家经营管理之,使私有资本制度不能操纵国民之生计,此则节制资本之要旨也。举此二者,则民生主义之进行,可期得良好之基础。于此犹有当为农民告者:中国以农立国,而全国各阶级所受痛苦,以农民为尤甚。国民党之主张,则以为农民之缺乏田地沦为佃户者,国家当给以土地,资其耕作,并为之整顿水利,移殖荒徼,以均地力。农民之缺乏资本至于高利借贷以负债终身者,国家为之筹设调剂机关,如农民银行等,供其匮乏,然后农民得享人生应有之乐。又有当为工人告者:中国工人之生活绝无保障,国民党之主张,则以为工人之失业者,国家当为之谋救济之道,尤当为之制定劳工法,以改良工人之生活。此外如养老之制、育儿之制、周恤废疾者之制、普及教育之制,有相辅而行之性质者,皆当努力以求其实现。凡此皆民生主义所有事也。

——《中国国民党第一次全国代表大会宣言》

【史料解析】

在中国共产党人的努力和具体帮助下,以解决改组问题为中心内容的国民党第一次全国代表大会于 1924 年 1 月 20 日至 30 日在广州召开。《中国国民党第一次全国代表大会宣言》作为大会通过的纲领性文件是在孙中山的组织指导下,由国共两党的代表共同制订的,既反映了与会者的集体意志,也体现了孙中山晚年思想的发展。宣言总结了过去革命斗争的经验,分析了中国的历史和现状,指出进行国民革命、实行三民主义"为中国唯一生路"。宣言包含了反帝反封建的内容和联俄、联共、扶助农工三大政策,把旧三民主义发展为新三民主义,因而成为国共两党进行合作的共同政治基础。

# 第22课　南京国民政府的统治和中国共产党开辟革命新道路

## 一、八七会议

八七会议是第一次国内革命战争失败以后,在关系党和革命事业前途和命运的关键时刻,中共中央政治局于 1927 年 8 月 7 日在汉口召开的紧急会议。会议批判和纠正了陈独秀右倾机会主义错误,撤销了他在党内的职务,选出了新的临时中央政治局,确定了土地革命和武装斗争的总方针,决定发动秋收起义。毛泽东出席了这次会议,并提出了著名的"枪杆子里出政权"的论断。八七会议在中国革命紧急关头及时地向党和全国人民指明了斗争方向,为挽救党和革命做出了巨大贡献。

【史料】

1.…………

(十二)每一党部委员会之下,现时须即组织审查委员会(各省委就是监查委员会),以审查各该党部之党员有否不可靠的分子。这种审查不应带有清党的性质,而只是去掉对于党部不可靠的分子,以及可疑的分子。我们党应当在此过渡于秘密状态之际,极力保存多量的党员,要使每个党员都不与党部脱离关系。

…………

(十四)自省委以下各级党部委员会之成分,都应经过上级机关重新审查,使能更新而巩固。应当注意提拔工人同志到党部委员会里负重大责任,而肃清其中曾经在最近几日〔月〕表现机会主义的分子。

(十五)现时秘密状态之中,需要最大限度的集权。但是集权制度不应当变成消灭党内的民权主义。最近党所做的机会主义的错误,需要彻底的讨论,付在群众之中加以审查,并根据之以审查各级党部的指导机关。因此,不论如何严重的压迫,必须在本次会议后,设法极缜密地进行党内的讨论:先由支部讨论,然后在各省之区、县、市、省开秘密会议,详细讨论党的政策问题,而根据这种讨论,改造各级党部的机关。

——《党的组织问题议决案》

2.农民的革命运动在国民政府的境域内有了广大的发展(主要的在湖南),现在却遇见暂时的失败。地主、资产阶级与小资产阶级的反动成分依据军队的武力与国民政府的机关联合着进攻,给农民运动以很大的打击。这次失败的主要原因应当认为是共产党方面对于农民的群众暴动没有坚决的革命指导,这是由于党的指导对于中国革命的主要问题带有机会主义的犹豫及摇动政策。

…………

虽农民革命运动有暂时的失败与紊乱,但在最近期间不仅客观上有新的提高可能,而且这种重新高涨是不可免的。共产党所领导的农民组织之捣毁,农村中的白色恐怖之盛行,随之而经济压迫之增加等等,都只是加紧农村中的阶级矛盾阶级斗争,必然准备着新的革命爆发,比前次的规模和力量更要超越。

农民运动不得无产阶级政党有系统的革命指导,很容易无组织

的,凌乱的,自然的爆发,反动军阀可以不费力量把他镇压下去,因之
共产党现时最主要的任务是有系统的有计划的尽可能的在广大区域
中准备农民的总暴动,利用今年秋收时期农村中阶级斗争剧烈的
关键。

——《最近农民斗争议决案》

【史料解析】

八七会议通过了《中共八七会议告全党党员书》《最近农民斗争
议决案》《最近职工运动议决案》《党的组织问题议决案》等。会议确
定以土地革命和以武装反抗国民党反动派的屠杀政策为党在新时期
的总方针,就国共两党关系、土地革命、武装斗争等问题进行了讨论,
并把发动农民举行秋收起义作为党在当时最主要的任务。上述两则
史料就反映了对右倾机会主义的清算和对农民暴动的肯定。

## 二、遵义会议

遵义会议是指 1935 年 1 月中共中央政治局在贵州遵义召开的
独立自主地解决中国革命问题的一次极其重要的扩大会议;是在红
军第五次反"围剿"失败和长征初期严重受挫的情况下,为了纠正博
古"左"倾领导在军事指挥上的错误而召开的。这次会议是中国共产
党第一次独立自主地运用马克思列宁主义基本原理解决路线、方针、
政策的会议。这次会议初步确立了以毛泽东为代表的马克思主义的
正确路线在中共中央的领导地位,挽救了党,挽救了红军,挽救了中
国革命,是中国共产党历史上一个生死攸关的转折点。

## 【史料】

九、在持久战与速决战问题上，单纯防御路线的领导者的了解也是错误的。必须明白中国国内战争不是一个短时期的战争，而是长期的持久的战争，苏维埃革命就在不断粉碎敌人的"围剿"中发展与巩固起来的。因此在有利的条件下，我们完全应该从防御转入反攻与进攻。消灭敌人粉碎"围剿"（如一、二、三、四次战争及五次战争广昌战役以前）。在不利的条件下，我们可以暂时的退却，以保持我们的有生力量，在另一有利条件下转入反攻与进攻（如五次战争广昌战役以后），这是第一个基本原则。但同时必须了解另一个原则，即为了进行长期的持久战，对于每一次"围剿"与每一个战役，必须极力争取战局之速决。因为在现时敌我力量的对比上，对于一次"围剿"与一个战役采取持久战的方略，对于我们是极端不利的。当着敌人以持久战来对付我们的时候（如五次"围剿"），我们必须运用正确的战略方针，打破敌人这种计划，在我们可能支持的时间之内取得决定的胜利，以粉碎敌人的"围剿"。……

正因为要进行长期国内战争的持久战，同时对于每一"围剿"与每一战役却要进行速决战，所以我们特别要谨慎决定我们的战略战役计划。……红军一定要避免那种没有胜利把握的战斗。就是作战的决定当时是正确的，但当形势变化不利于我们时，我们即应拒绝这种战斗。

…………

十四、最后政治局扩大会认为，虽是由于我们过去在军事上的错误领导，使我们没有能够在中央苏区内粉碎五次"围剿"，使我们主力红军不能不退出苏区，并遭受到了部分的损失，然而我们英勇的红军主力依然存在着。我们有着优良的群众条件，我们有着党的正确的领导,我们有着物质上地形上比较良好的地区,我们有着全国广大群众的拥护与红四方面军和二、六军团的胜利的配合,再加上正确的作战指挥,我们相信,这些困难在我们全体同志与红色指战员努力之下是可以克服的。同时敌人方面的困难是大大地增加了,我们活动的地区远远地离开了南京政府反革命的根据地,蒋介石几年经营的堡垒地带的依靠是没有了。军阀内部的矛盾与不统一有了进一步的增加。我们主要敌人蒋介石的主力在五次"围剿"中是削弱了。尤其是帝国主义瓜分中国与国民党的卖国政策,全国国民经济的空前的崩溃,使全国民众更清楚地看到只有苏维埃才能救中国,而更加同情与拥护苏维埃革命运动以至直接为苏维埃政权而斗争。这些都是我们粉碎敌人新的围攻创造新的苏区根据地,发扬全国苏维埃运动的有利条件。

必须指出,目前的环境在党与红军面前提出了严重的任务,这就是因为帝国主义与反革命国民党军阀任何时候都不会放松我们,我们现在是在敌人新的围攻的前面,中央红军现在是在云贵川地区,这里没有现存的苏区,而需要我们重新去创造,我们的胜利要在自己艰苦奋战中取得。新苏区的创造不是不经过血战可以成功的。当前的中心问题是怎样战胜川滇黔蒋这些敌人的军队。为了战胜这些敌人,红军的行动必须有高度的机动性,革命战争的基本原则是确定了,为了完成作战任务必须灵活的使用这些原则。红军运动战的特长在五次战争中是被长期的阵地战相当灭[减]弱了,而在目前正要求红军各级指挥员具有高度的运动战战术。因此从阵地战战术(短促突击)到运动战战术的坚决的迅速的转变,是严重的工作。对战斗员尤其是新战士,则须进行必要的技术教育。在政治工作上一切须适应目前运动战的需要,以保证每一个战斗任务的完成。红军更要从作战中休养与整理自己,并大量的扩大自己。红军必须严肃自己的纪律,对广大劳苦工农群众的联系必须更加密切与打成一片。极大的加强对地方居民的工作,红军应该是苏维埃的宣传者与组织者。目前的环境要求党与红军的领导者用一切努力,具体的切实的解决这些基本的问题。

白区党的工作必须建立与加强。对白区群众斗争的领导方式必须有彻底的转变。瓦解白军工作必须真正的开始。广泛的发展游击战争是党目前最中心的任务之一,在中央苏区,湘赣,湘鄂赣苏区与闽浙赣苏区,党必须坚持对游击战争的领导,转变过去的工作方式来适合于新的环境。

——《中共中央关于反对敌人五次"围剿"的

总结的决议》(遵义会议决议)

【史料解析】

遵义会议结束了王明"左"倾教条主义路线在党中央的统治,确立了以毛泽东为代表的新的中央的正确领导,把党的路线转到了马克思列宁主义的轨道上来,是中国共产党第一次独立自主地运用马列主义基本原理解决自己的路线、方针和政策的会议。它是中国共产党从幼稚走向成熟的标志。根据毛泽东发言的内容,会议委托张闻天起草了《中共中央关于反对敌人五次"围剿"的总结的决议》(以下简称《决议》)。《决议》否定了博古的报告,列举大量事实,说明红军在主观上、客观上均具备粉碎第五次"围剿"的条件,明确指出反"围剿"失败的主要原因是"军事上的单纯防御路线"错误。《决议》在政治上、领导作风上、军事路线上做了深入分析阐述。

# 第八单元
## 中华民族的抗日战争和人民解放战争

## 第23课　从局部抗战到全面抗战

### 抗日民族统一战线

抗日民族统一战线是抗日战争时期,中国共产党倡导的以工农为主体的、以第二次国共两党合作为基础、包括一切抗日阶级和阶层的广泛联盟。1936年12月西安事变的和平解决,为抗日民族统一战线奠定了基础;1937年卢沟桥事变后全国抗日战争爆发,9月22日,国民党通讯社发表《中共中央为公布国共合作宣言》,标志着抗日民族统一战线正式形成。它是一个包括进步力量、中间力量和顽固力量在内的广泛的统一战线,发展和壮大了人民抗日力量,保证了抗日战争的胜利。

【史料】

亲爱的同胞们:

　　中国共产党中央委员会谨以极大的热忱向我全国父老兄弟诸姑姊妹宣言,当此国难极端严重民族生命存亡绝续之时,我们为着挽救祖国的危亡,在和平统一团结御侮的基础上,已经与中国国民党获得了谅解,而共赴国难了。这对于我们伟大的中华民族前途有着怎样重大的意义啊！因为大家都知道,在民族生命危急万状的现在,只有我们民族内部的团结,才能战胜日本帝国主义的侵略。现在民族团结的基础已经定下了,我们民族独立自由解放的前提也已创设了,中共中央特为我们民族的光明灿烂的前途庆贺。

不过我们知道,要把这个民族的光辉前途变为现实的独立自由幸福的新中国,仍需要全国同胞,每一个热血的黄帝子孙,坚韧不拔地努力奋斗。中国共产党愿当此时机,向全国同胞提出我们奋斗之总的目标,这就是：

(一)争取中华民族之独立自由与解放。首先须切实地迅速地准备与发动民族革命抗战,以收复失地和恢复领土主权之完整；

(二)实现民权政治,召开国民大会,以制定宪法与规定救国方针；

(三)实现中国人民之幸福与愉快的生活。首先须切实救济灾荒,安定民生,发展国防经济,解除人民痛苦与改善人民生活。

凡此诸项,均为中国的急需,以此悬为奋斗之鹄的,我们相信必能获得全国同胞之热烈的赞助。中共愿在这个总纲领的目标下,与全国同胞手携手地一致努力。

中共深切知道,在实现这个崇高目标的前进路上,须要克服许多的障碍和困难,首先将遇到日本帝国主义的阻碍和破坏。为着取消敌人的阴谋之借口,为着解除一切善意的怀疑者之误会,中国共产党中央委员会有披沥自己对于民族解放事业的赤忱之必要。因此,中共中央再郑重向全国宣言：

(一)孙中山先生的三民主义为中国今日之必需,本党愿为其彻底的实现而奋斗；

(二)取消一切推翻国民党政权的暴动政策及赤化运动,停止以暴力没收地主土地的政策；

（三）取消现在的苏维埃政府，实行民权政治，以期全国政权之统一；

（四）取消红军名义及番号，改编为国民革命军，受国民政府军事委员会之统辖，并待命出动，担任抗日前线之职责。

亲爱的同胞们！本党这种光明磊落大公无私与委曲求全的态度，早已向全国同胞在言论行动上明白表示出来，并且已获得同胞们的赞许。现在为求得与国民党的精诚团结，巩固全国的和平统一，实行抗日的民族革命战争，我们准备把这些诺言中在形式上尚未实行的部分，如苏区取消、红军改编等，立即实行，以便用统一团结的全国力量，抵抗外敌的侵略。

寇深矣！祸亟矣！同胞们，起来，一致的团结啊！我们伟大的悠久的中华民族是不可屈服的。起来，为巩固民族的团结而奋斗！为推翻日本帝国主义的压迫而奋斗！胜利是属于中华民族的！

抗日战争胜利万岁！

独立自由幸福的新中国万岁！

——《中国共产党为公布国共合作宣言》

【史料解析】

上述史料选自抗日战争全面爆发后，中共中央为国共合作抗日发表的宣言。《宣言》提出发动全民族抗战、实行民主政治和改善人民生活三项基本要求，重申中共为实现国共合作的四项保证。1937年9月22日，国民党通讯社发表了这个宣言，标志着抗日民族统一战线正式形成。

# 第24课 全民族浴血奋战与抗日战争的胜利

## 一、持久战

持久战是指持续时间较长的作战,相对于速决战而言。抗日战争时期,毛泽东为中国共产党制定的打败日本帝国主义的战略方针便是持久战,即在敌强我弱的情况下,采取战略上内线的持久的防御战,战役和战斗上外线的速决的进攻战,逐步削弱敌人,壮大自己,转劣势为优势,变被动为主动,最后战胜敌人。

【史料】

(二)抗战十个月以来,一切经验都证明下述两种观点的不对:一种是中国必亡论,一种是中国速胜论。前者产生妥协倾向,后者产生轻敌倾向。他们看问题的方法都是主观的和片面的,一句话,非科学的。

············

(五)于是问题是:中国会亡吗?答复:不会亡,最后胜利是中国的。中国能够速胜吗?答复:不能速胜,抗日战争是持久战。

············

(七)……七月七日卢沟桥的抗战,已经成了中国全国性抗战的起点。

……抗战的准备阶段已经过去了。这一阶段的最中心的任务是:动员一切力量争取抗战的胜利。

争取抗战胜利的中心关键,在使已经发动的抗战发展为全面的全民族的抗战。只有这种全面的全民族的抗战,才能使抗战得到最后的胜利。

••••••••••

(九)抗日战争为什么是持久战?最后胜利为什么是中国的呢?根据在什么地方呢?

中日战争不是任何别的战争,乃是半殖民地半封建的中国和帝国主义的日本之间在二十世纪三十年代进行的一个决死的战争。全部问题的根据就在这里。分别地说来,战争的双方有如下互相反对的许多特点。

(一〇)日本方面:第一,它是一个强的帝国主义国家,它的军力、经济力和政治组织力在东方是一等的,在世界也是五六个著名帝国主义国家中的一个。这是日本侵略战争的基本条件,战争的不可避免和中国的不能速胜,就建立在这个日本国家的帝国主义制度及其强的军力、经济力和政治组织力上面。然而第二,由于日本社会经济的帝国主义性,就产生了日本战争的帝国主义性,它的战争是退步的和野蛮的。……这样就要最大地激起它国内的阶级对立、日本民族和中国民族的对立、日本和世界大多数国家的对立。日本战争的退步性和野蛮性是日本战争必然失败的主要根据。还不止此,第三,日本战争虽是在其强的军力、经济力和政治组织力的基础之上进行的,但同时又是在其先天不足的基础之上进行的。日本的军力、经济力和政治组织力虽强,但这些力量之量的方面不足。日本国度比较地小,其人力、军力、财力、物力均感缺乏,经不起长期的战争。……最后,第四,日本虽能得到国际法西斯国家的援助,但同时,却又不能不遇到一个超过其国际援助力量的国际反对力量。这后一种力量将逐渐地增长,终究不但将把前者的援助力量抵消,并将施其压力于日本自身。这是失道寡助的规律,是从日本战争的本性产生出来的。总起来说,日本的长处是其战争力量之强,而其短处则在其战争本质的退步性、野蛮性,在其人力、物力之不足,在其国际形势之寡助。这些就是日本方面的特点。

(一)中国方面:第一,我们是一个半殖民地半封建的国家。……我们依然是一个弱国,我们在军力、经济力和政治组织力各方面都显得不如敌人。战争之不可避免和中国之不能速胜,又在这个方面有其基础。然而第二,中国近百年的解放运动积累到了今日,已经不同于任何历史时期。各种内外反对力量虽给了解放运动以严重挫折,同时却锻炼了中国人民。今日中国的军事、经济、政治、文化虽不如日本之强,但在中国自己比较起来,却有了比任何一个历史时期更为进步的因素。中国共产党及其领导下的军队,就是这种进步因素的代表。……中国的战争是进步的,从这种进步性,就产生了中国战争的正义性。因为这个战争是正义的,就能唤起全国的团结,激起敌国人民的同情,争取世界多数国家的援助。第三,中国又是一个很大的国家,地大、物博、人多、兵多,能够支持长期的战争,这同日本又是一个相反的对比。最后,第四,由于中国战争的进步性、正义性而产生出来的国际广大援助,同日本的失道寡助又恰恰相反。总起来说,中国的短处是战争力量之弱,而其长处则在其战争本质的进步性和正义性,在其是一个大国家,在其国际形势之多助。这些都是中国的特点。

——《论持久战》

【史料解析】

《论持久战》是无产阶级革命家毛泽东于 1938 年 5 月 26 日至 6

月 3 日在延安抗日战争研究会上的演讲稿,是关于中国抗日战争方针的军事政治著作。毛泽东在总结抗日战争初期经验的基础上,针对中国国民党内部分人的"中国必亡论"和"中国速胜论",以及中国共产党内部分人轻视游击战的倾向,系统地阐述了中国实行持久战以获得对日作战胜利的战略。该著作从思想上武装了全党全军和人民群众,坚定了中国人民争取抗战胜利的信心,是指导全国抗战的理论纲领。

## 二、中共七大

抗战胜利前夕,中共七大于 1945 年 4 月 23 日至 6 月 11 日在延安举行。大会通过了毛泽东《论联合政府》的政治报告、朱德《论解放区战场》的军事报告。大会提出党的政治路线是:放手发动群众,壮大人民力量,在党的领导下,打败日本侵略者,解放全国人民,建立一个新民主主义的中国。大会强调毛泽东思想为全党的指导思想。大会通过的新党章强调了群众路线和党的民主集中制原则。这次大会是团结的大会,胜利的大会,为抗日战争和夺取新民主主义革命在全国的胜利奠定了基础。

【史料】

……整个世界上反对法西斯侵略者的神圣的正义的战争,已经取得了有决定意义的胜利,中国人民配合同盟国打败日本侵略者的时机,已经迫近了。但是中国现在仍然不团结,中国仍然存在着严重的危机。在这种情况下,我们应该怎样做呢? 毫无疑义,中国急需把各党各派和无党无派的代表人物团结在一起,成立民主的临时的联合政府,以便实行民主的改革,克服目前的危机,动员和统一全中国的抗日力量,有力地和同盟国配合作战,打败日本侵略者,使中国人民从日本侵略者手中解放出来。……一句话,走团结和民主的路线,打败侵略者,建设新中国。

············

目前的国内形势是怎样的呢?

中国的长期战争,使中国人民付出了并且还将再付出重大的牺牲;但是同时,正是这个战争,锻炼了中国人民。这个战争促进中国人民的觉悟和团结的程度,是近百年来中国人民的一切伟大的斗争没有一次比得上的。在中国人民面前,不但存在着强大的民族敌人,而且存在着强大的实际上帮助民族敌人的国内反动势力,这是一方面。但是另一方面,中国人民不但已经有了比过去任何时候都高的觉悟程度,而且有了强大的中国解放区和日益高涨着的全国性的民主运动。这是国内的有利条件。如果说,中国近百年来一切人民斗争都遭到了失败或挫折,而这是因为缺乏国际的和国内的若干必要的条件,那末,这一次就不同了,比较以往历次,一切必要的条件都具备了。避免失败和取得胜利的可能性充分地存在着。如果我们能够团结全国人民,努力奋斗,并给以适当的指导,我们就能够胜利。

············

同志们,我们的大会闭幕之后,我们就要上战场去,根据大会的决议,为着最后地打败日本侵略者和建设新中国而奋斗。为达此目的,我们要和全国人民团结起来。我重说一遍,不管什么阶级,什么政党,什么社会集团或个人,只要是赞成打败日本侵略者和建设新中国的,我们就要加以联合。为达此目的,我们要把我们党的一切力量在民主集中制的组织和纪律的原则之下,坚强地团结起来。……只要我们能吸取三个时期的经验,采取谦虚态度,防止骄傲态度,在党内,和全体同志更好地团结起来,在党外,和全国人民更好地团结起来,就可以保证,不但不会被敌人打散,相反地,一定要把日本侵略者及其忠实走狗坚决、彻底、干净、全部地消灭掉,并且在消灭他们之后,把一个新民主主义的中国建设起来。

——《论联合政府》

【史料解析】

在世界反法西斯战争和中国的抗日战争即将取得胜利的前夜,在中国面临着两种前途、两种命运斗争的关键时刻,为了团结全党全国人民,争取光明的前途,彻底打败日本侵略者,建立独立、自由、民主、统一与富强的新中国,中国共产党召开了第七次全国代表大会。这次大会的主要任务是组织和保障全中国人民取得抗战的最后胜利,建立一个新民主主义的中国。在七大正式会议上,毛泽东主持了大会,致开幕词,并做了《论联合政府》的政治报告。报告科学地分析了国际国内形势,郑重地提出了中国人民强烈希望建立民主联合政府、打败日本侵略者、建设新中国的基本要求。

# 第 25 课　人民解放战争

## 一、重庆谈判

重庆谈判是抗日战争胜利之际,中国共产党和中国国民党就中国未来的发展前途、建设大计在重庆进行的一次历史性会谈。从1945 年 8 月 29 日至 10 月 10 日,经过 43 天谈判,国共双方达成《政府与中共代表会谈纪要》，即《双十协定》。重庆谈判及达成的《双十协定》给中国人民带来了和平、民主、团结的希望和曙光。虽然国民党统治集团违背全国人民迫切要求休养生息、和平建国的意愿，在1946 年 6 月底彻底撕毁《双十协定》，但其历史意义和启示仍是非常重大的。

【史料】

（一）关于和平建国的基本方针：一致认为中国抗日战争业已胜利结束，和平建国的新阶段即将开始，必须共同努力，以和平民主团结为第一基础，并在蒋主席领导之下，长期合作，避免内战，建设独立自由和平之新中国，实行三民主义。

双方又同认蒋主席所倡导之政治民主化，军队国家化，及党派平等合作，为达成和平建国必由之途径。

（二）关于政治民主化问题：一致认为应迅速结束训政，实施宪政，并先采必要之步骤，由国民政府召开政治协商会议，邀集各党派代表及社会贤达，协商国是，讨论和平建国方案，及召开国民大会各项问题。现双方正与各方洽商政治协商会议名额组织及其职权等项问题，双方同意一俟洽商完毕，政治协商会议即应迅速召开。

（三）关于国民大会问题：中共方面提出重选国民大会代表，延缓国民大会召开日期，及修改国民大会组织选举法，和五五宪法草案等三项主张。……

（四）关于人民自由问题：一致认为政府保证人民享受一切民主国家人民在平时应享受全部信仰言论出版集会结社之自由。……

（五）关于党派合法问题：中共方面提出政府应承认国民党、共产党及一切党派皆有平等合法地位。政府方面表示各党派在法律之前平等，本为宪政常轨，今可即行承认。

（六）关于特务机关问题：双方同意政府应严禁司法和警察以外机关有拘捕审讯人民之权。

（七）关于释放政治犯问题：中共方面提出除汉奸以外之政治犯，政府应一律释放。政府方面表示：政府准备自动办理，中共可将应释放之人提出名单。

（八）关于地方自治问题：双方同意应积极推行地方自治，实行由下而上的普选，惟政府希望不以影响国民大会之召开。

（九）关于军队国家化问题：中共方面提出政府应公平合理地整编全国军队，确定分期实施计划，应重划军区，确定征补制度，以维军令之统一。在此计划下，中共愿将其所领导的抗日军队，由现有数目，缩编为 24 个师……

（十）关于解放区政府问题：中共方面提出政府应承认解放区各级政府的合法地位。……

（十一）关于奸伪问题：中共方面提出严惩汉奸，解散伪军。政府方面表示，此在原则上自无问题，惟惩治汉奸，要依法律行之，解散伪军，亦须妥慎办理，以免影响当地安宁。

（十二）关于受降问题：中共方面提出，重划受降地区，参加受降工作。政府方面表示：参加受降工作，在已接受中央命令之后，自可考虑。

中华民国三十四年国庆纪念日于重庆

王世杰　张　群　张治中

邵力子　周恩来　王若飞

【史料解析】

1945 年 10 月 10 日，国共双方代表签订并公开发表了《政府与中共代表会谈纪要》，即《双十协定》。国民党政府接受中共提出的和平建国的基本方针。双方还确定召开各党派代表及无党派人士参加的政治协商会议,共商和平建国大计。这是重庆谈判最重要的两项成果。重庆谈判的举行和《双十协定》的签订,表明国民党方面承认了中共的地位,承认了各党派的地位,使中国共产党关于和平建设新中国的政治主张被全国人民所了解,从而推动了全国和平民主运动的发展。但是很快《双十协定》被国民党撕毁。

## 二、土地改革

土地改革简称"土改",是中国共产党领导的废除封建土地所有制,实行农民土地所有制的革命运动。1947年7月至9月,中国共产党在河北省平山县西柏坡村召开全国土地会议,通过了彻底实行土地改革的《中国土地法大纲》。经过土地改革运动,贫雇农均获得了大量土地财产,广大农民在政治上、经济上翻了身,大大解放了生产力,使广大农村出现了欣欣向荣的新局面,同时广大农民踊跃参军,积极支援前线,成为解放战争迅速取得胜利的一个可靠保证。中华人民共和国成立后,全面地进行了土地改革,到1952年9月,全国范围内的土地改革基本完成。

【史料】

**第一条**
废除封建性及半封建性剥削的土地制度,实行耕者有其田的土地制度。

**第二条**
废除一切地主的土地所有权。

............

**第七条**

土地分配,以乡或等于乡的行政村为单位,但区或县农会得在各乡或等于乡的各行政村之间,作某些必要的调剂。在地广人稀地区,为便于耕种起见,得以乡以下的较小单位分配土地。

**第八条**

乡村农会接收地主的牲畜、农具、房屋、粮食及其他财产,并征收富农的上述财产的多余部分,分给缺乏这些财产的农民及其他贫民,并分给地主同样的一份。分给各人的财产归本人所有,使全乡村人民均获得适当的生产资料及生活资料。

............

**第十一条**

分配给人民的土地,由政府发给土地所有证,并承认其自由经营、买卖及在特定条件下出租的权利。土地制度改革以前的土地契约及债约,一律缴销。

............

**第十三条**

为贯彻土地改革的实施,对于一切违抗或破坏本法的罪犯,应组织人民法庭予以审判及处分,人民法庭由农民大会或农民代表会所选举及由政府所委派的人员组成之。

··········

第十五条

为保证土地改革中一切措施符合于绝大多数人民的利益及意志,政府负责切实保障人民的民主权利,保障农民及其代表有全权得在各种会议上自由批评及弹劾各方各级的一切干部,有全权得在各种相当会议上自由撤换及选举政府及农民团体中的一切干部。侵犯上述人民民主权利者,应受人民法庭的审判及处分。

——《中国土地法大纲》

【史料解析】

1947年7月中共中央工作委员会召开全国土地会议,通过了《中国土地法大纲》。其主要内容是:规定了彻底废除封建性及半封建性剥削的土地制度,规定了实行耕者有其田的土地制度。《中国土地法大纲》不但肯定和发展了1946年《五四指示》中提出的将地主土地分配给农民的原则,而且改正了其中对地主照顾过多的不彻底性,成为一个在全国彻底消灭封建剥削制度的纲领性文件。它的公布与实行总结了中国共产党二十多年土地革命的基本经验教训,是一个正确的土地纲领,调动了农民革命与生产的积极性,对保证战争胜利起了决定性的作用。

## 三、中共七届二中全会

中国共产党第七届中央委员会第二次全体会议于1949年3月5日至13日在河北省平山县西柏坡举行,由毛泽东、刘少奇、周恩来、朱德、任弼时组成的主席团主持了此次会议。中共七届二中全会是解放战争时期中共召开的唯一的一次中央全会，全会着重讨论了党的工作重心的战略转移，即工作重心由乡村转移到城市的问题，并确定了党在全国胜利后的一系列基本政策，包括在政治、经济、外交等方面的方针政策。这次会议描绘了新中国的宏伟蓝图，确定了新中国的大政方针，为促进和迎接全国胜利的到来，为推动和发展新中国的各项建设事业，保证中国由新民主主义向社会主义的转变，从政治上、思想上和理论上做了充分准备，具有巨大的指导作用。

【史料】

三

从一九二七年到现在，我们的工作重点是在乡村，……从现在起，开始了由城市到乡村并由城市领导乡村的时期。党的工作重心由乡村移到了城市。……城乡必须兼顾……但是党和军队的工作重心必须放在城市，必须用极大的努力去学会管理城市和建设城市。必须学会在城市中向帝国主义者、国民党、资产阶级作政治斗争、经济斗争和文化斗争，并向帝国主义者作外交斗争。既要学会同他们作公开的斗争，又要学会同他们作荫蔽的斗争。……

四

在城市斗争中，我们依靠谁呢？……我们必须全心全意地依靠工人阶级，团结其他劳动群众，争取知识分子，争取尽可能多的能够同我们合作的民族资产阶级分子及其代表人物站在我们方面，或者使他们保持中立，以便向帝国主义者、国民党、官僚资产阶级作坚决的斗争，一步一步地去战胜这些敌人。同时即开始着手我们的建设事业，一步一步地学会管理城市，恢复和发展城市中的生产事业。……只有将城市的生产恢复起来和发展起来了，将消费的城市变成生产的城市了,人民政权才能巩固起来。……
…………

## 九

无产阶级领导的以工农联盟为基础的人民民主专政,要求我们党去认真地团结全体工人阶级、全体农民阶级和广大的革命知识分子,这些是这个专政的领导力量和基础力量。没有这种团结,这个专政就不能巩固。同时也要求我们党去团结尽可能多的能够同我们合作的城市小资产阶级和民族资产阶级的代表人物,它们的知识分子和政治派别,以便在革命时期使反革命势力陷于孤立,彻底地打倒国内的反革命势力和帝国主义势力;在革命胜利以后,迅速地恢复和发展生产,对付国外的帝国主义,使中国稳步地由农业国转变为工业国,把中国建设成一个伟大的社会主义国家。……

## 十

……可能有这样一些共产党人,他们是不曾被拿枪的敌人征服过的,他们在这些敌人面前不愧英雄的称号;但是经不起人们用糖衣裹着的炮弹的攻击,他们在糖弹面前要打败仗。我们必须预防这种情况。夺取全国胜利,这只是万里长征走完了第一步。如果这一步也值得骄傲,那是比较渺小的,更值得骄傲的还在后头……我们不但善于破坏一个旧世界,我们还将善于建设一个新世界。中国人民不但可以不要向帝国主义者讨乞也能活下去,而且还将活得比帝国主义国家要好些。

——《在中国共产党第七届中央委员会
第二次全体会议上的报告》

【史料解析】

在中国人民解放战争即将取得全国胜利的前夕，经过充分准备，中国共产党于 1949 年 3 月 5 日至 13 日在河北省平山县西柏坡召开了第七届中央委员会第二次全体会议。毛泽东主持了开幕会议，并于 1949 年 3 月 5 日代表中央政治局做了《在中国共产党第七届中央委员会第二次全体会议上的报告》。朱德、刘少奇、周恩来、任弼时等27 人在会上发了言。会议听取并集中讨论了毛泽东的报告，报告阐述了党的工作重心的战略转移，即工作重心由乡村转移到城市的问题，并深入讨论了如何实现党的工作重心转移的问题。根据毛泽东的提议，全会确定，党必须用极大的努力去学会管理城市和建设城市。在领导城市工作时，党必须全心全意地依靠工人阶级，吸收大量工人入党，团结其他劳动群众，争取知识分子，争取尽可能多的能够同共产党合作的民族资产阶级及其代表人物，以便与帝国主义者、国民党统治集团、官僚资产阶级做政治斗争、经济斗争和文化斗争，并与帝国主义者做外交斗争。此外，决议还指出党要立即开始着手各项建设事业，把恢复和发展城市中的生产作为中心任务，使中国稳步地由农业国转变为工业国，由新民主主义国家转变为社会主义国家，规定了党在政治、经济、外交等方面的方针政策。最后毛泽东还提醒全党保持谦虚、谨慎、不骄、不躁的作风，保持艰苦奋斗的作风，迎接新的更加伟大的任务的到来。

# 第九单元
## 中华人民共和国成立和社会主义革命与建设

## 第 26 课　中华人民共和国成立和向社会主义的过渡

### 一、中国人民政治协商会议第一届全体会议

1949 年 9 月 21 日,中国人民政治协商会议第一届全体会议在北平隆重举行。这次会议代行了中国的立法机构——全国人民代表大会的职权,通过了具有临时宪法性质的《中国人民政治协商会议共同纲领》,制定了《中国人民政治协商会议组织法》《中华人民共和国中央人民政府组织法》,决定了新中国的名称为中华人民共和国,国都定于北平(1949 年 9 月 27 日改名为北京),中华人民共和国的纪年采用公元纪年,国歌未制定前以《义勇军进行曲》为国歌,国旗定为五星红旗。

【史料】

第一章　总纲

第一条　中华人民共和国为新民主主义即人民民主主义的国家,实行工人阶级领导的、以工农联盟为基础的、团结各民主阶级和国内各民族的人民民主专政,反对帝国主义、封建主义和官僚资本主

义,为中国的独立、民主、和平、统一和富强而奋斗。……

## 第二章　政权机关

第十二条　中华人民共和国的国家政权属于人民。人民行使国家政权的机关为各级人民代表大会和各级人民政府。各级人民代表大会由人民用普选方法产生之。各级人民代表大会选举各级人民政府,各级人民代表大会闭会期间,各级人民政府为行使各级政权的机关。

国家最高政权机关为全国人民代表大会。全国人民代表大会闭会期间,中央人民政府为行使国家政权的最高机关。

第十三条　中国人民政治协商会议为人民民主统一的组织形式。其组织成分,应包含有工人阶级、农民阶级、革命军人、知识分子、小资产阶级、民族资产阶级、少数民族、国外华侨及其他爱国民主分子的代表。

在普选的全国人民代表大会召开以前,由中国人民政治协商会议的全体会议执行全国人民代表大会的职权,制定中华人民共和国中央人民政府组织法,选举中华人民共和国中央人民政府委员会,并付之以行使国家权力的职权。

在普选的全国人民代表大会召开以后,中国人民政治协商会议得就有关国家建设事业的根本大计及其他重要措施,向全国人民代表大会或中央人民政府提出建议案。

…………

第十五条　各级政权机关一律实行民主集中制。其主要原则为:人民代表大会向人民负责并报告工作。人民政府委员会向人民代表大会负责并报告工作。在人民代表大会和人民政府委员会内,实行少数服从多数的制度。各下级人民政府均由上级人民政府加委并服从上级人民政府。全国各地方人民政府均服从中央人民政府。
…………

### 第三章　军事制度

第二十条　中华人民共和国建立统一的军队,即人民解放军和人民公安部队,受中央人民政府人民革命军事委员会统率,实行统一的指挥,统一的制度,统一的编制,统一的纪律。
…………

### 第四章　经济政策

第二十六条　……国家应在经营范围、原料供给、销售市场、劳动条件、技术设备、财政政策、金融政策等方面,调剂国营经济、合作社经济、农民和手工业者的个体经济、私人资本主义经济和国家资本主义经济,使各种社会经济成分在国营经济领导之下,分工合作,各得其所,以促进整个社会经济的发展。……

### 第五章　文化教育政策

第四十一条　中华人民共和国的文化教育为新民主主义的,即民族的、科学的、大众的文化教育。人民政府的文化教育工作,应以提高人民文化水平,培养国家建设人才,肃清封建的、买办的、法西斯主义的思想,发展为人民服务的思想为主要任务。……

### 第六章　民族政策

第五十条　中华人民共和国境内各民族一律平等,实行团结互助,反对帝国主义和各民族内部的人民公敌,使中华人民共和国成为各民族友爱合作的大家庭。反对大民族主义和狭隘民族主义,禁止民族间的歧视、压迫和分裂各民族团结的行为。

### 第七章　外交政策

第五十四条　中华人民共和国外交政策的原则,为保障本国独立、自由和领土主权的完整,拥护国际的持久和平和各国人民间的友好合作,反对帝国主义的侵略政策和战争政策。

——《共同纲领》

【史料解析】

1949 年秋,新民主主义革命即将获得全国性胜利。革命胜利后将要建立一个什么样的国家,如何把革命胜利的成果用法律形式固定下来,并且规定中华人民共和国成立后的大政方针作为全国人民共同遵循的准则,以便团结全国各族人民把革命和建设事业继续向前推进,这就迫切需要制定一部具有根本法性质的文件。但当时,大陆还未全部解放,社会秩序还不够安定,遭受长期战争破坏的国民经济尚未恢复,人民群众的组织程度和觉悟程度尚未达到应有的水平,因此,还不能立即召开由普选产生的全国人民代表大会并且制定一部完善的正式宪法。在这种情况下,中国共产党邀请各民主党派、人民团体、人民解放军、各地区、各民族以及国外华侨等各方面的代表635 人,组织召开中国人民政治协商会议,颁布《共同纲领》。除了序言,《共同纲领》分为总纲、政权机关、军事制度、经济政策、文化教育政策、民族政策、外交政策共 7 章 60 条。它肯定了人民革命的胜利成果,宣告了封建主义和官僚资本主义在中国统治的结束和人民民主共和国的建立,规定了新中国的国体和政体。《共同纲领》宣布取消帝国主义在华的一切特权;没收官僚资本,进行土地改革;并且规定了新中国的各项基本政策和公民的基本权利和义务。不管从内容上还是从法律效力上看,它都具有国家宪法的特征,起了临时宪法的作用。它是中华人民共和国成立初期团结全国人民共同前进的政治基础和战斗纲领,对于巩固人民政权,加强革命法制,维护人民民主权利,以及恢复和发展国民经济等方面起着指导作用。它的许多基本原则在制定1954年宪法时都得到了确认和进一步发展,因而在我国宪政史上有着重要的历史意义。

## 二、朝鲜战争

朝鲜战争是指1950年6月爆发于朝鲜半岛的军事冲突。朝鲜战争原是朝鲜半岛上的北、南双方的民族内战,后因美国、中国、苏联等多个国家不同程度地卷入而成为一场国际性的局部战争,是第二次世界大战结束初期爆发的一场大规模局部战争。1950年10月25日,中国人民志愿军应朝鲜请求赴朝,与朝鲜人民军并肩作战,经过历次战役最终将战线稳定在"三八线"一带。

1951年7月10日,中华人民共和国和朝鲜方面与联合国军的美国代表开始停战谈判,经过多次谈判后,终于在1953年7月27日签署《朝鲜停战协定》。

【史料】

序言

下列签署人,朝鲜人民军最高司令官及中国人民志愿军司令员一方与联合国军总司令另一方,为停止造成双方巨大痛苦与流血的朝鲜冲突,并旨在确立足以保证在朝鲜的敌对行为与一切武装行动完全停止的停战,以待最后和平解决的达成,兹各自、共同、并相互同意接受下列条款中所载的停战条件与规定,并受其约束与管辖,此等条件与规定的用意纯属军事性质并仅适用于在朝鲜的交战双方。

(一)确定一军事分界线,双方各由此线后退二公里,以便在敌对军队之间建立一非军事区。建立一非军事区作为缓冲区,以防止发生可能导致敌对行为复发的事件。

············

(六)双方均不得在非军事区内,或自非军事区,或向非军事区进行任何敌对行为。

(七)非经军事停战委员会特许,任何军人或平民不准越过军事分界线。

(八)非军事区内的任何军人或平民,非经其所要求进入地区的司令官的特许,不准进入任何一方军事控制下的地区。

············

## 第二条

**停火与停战的具体安排**

**甲、通则**

(十二)敌对双方司令官命令并保证其控制下的一切武装力量,包括陆、海、空军的一切部队与人员,完全停止在朝鲜的一切敌对行为,此项敌对行为的完全停止自本停战协定签字后十二小时起生效(本停战协定其余各项规定的生效日期与时间见本停战协定第六十三款)。

(十三)为保证军事停战的稳定,以利双方高一级的政治会议的进行来达到和平解决,敌对双方司令官:

子、除本停战协定中另有规定外,在本停战协定生效后七十二小时内自非军事区撤出其一切军事力量、供应与装备。……

丑、在本停战协定生效后十天内自对方在朝鲜的后方与沿海岛屿及海面撤出其一切军事力量、供应与装备。……

寅、停止自朝鲜境外进入增援的军事人员;但在下述规定范围内的部队与人员的轮换,担任临时任务的人员的到达朝鲜,以及在朝鲜境外作短期休假或担任临时任务后的人员的返回朝鲜则予准许。……

卯、停止自朝鲜境外进入增援的作战飞机、装甲车辆、武器与弹药;但停战期间毁坏耗损的作战飞机、装甲车辆、武器与弹药得在同样性能同样类型的一件换一件的基础上进行替换。……

——《朝鲜停战协定》

【史料解析】

《朝鲜停战协定》的签订,标志着历时三年多的朝鲜战争以中朝人民的胜利和美国的失败而告结束。这是朝中两国人民和全世界和平民主力量的胜利。它鼓舞了全世界爱好和平和被压迫人民反抗侵略,争取自由独立的斗争意志,打乱了美国称霸世界的侵略计划。但这并不意味着朝鲜问题的和平解决。停战协定明确规定召开高一级的政治会议和平解决朝鲜问题,由于美方的阻挠和破坏,这一会议未能如期召开。1953 年 10 月 1 日,美国与韩国签订《美韩共同防御条约》,继续在韩国保留美国驻军。1954 年 4 月,为和平解决朝鲜问题和恢复印度支那和平问题而召开的日内瓦会议,由于美国缺乏诚意,未能就从朝鲜撤出一切外国军队及和平解决朝鲜问题达成协议。经朝中两国政府协商同意,中国人民志愿军于 1958 年年底全部撤离朝鲜。这一行动表明了中朝方面执行停战协定及和平解决朝鲜问题的诚意。战前的北南分裂局面,通过战争不仅没有解决,还进一步恶化,朝鲜半岛作为世界军事舞台上的一个热点持续至今。

# 第27课　社会主义建设在探索中曲折发展

## 一、《论十大关系》

《论十大关系》是毛泽东于 1956 年 4 月在中共中央政治局扩大会议上的讲话,这是一篇关于中国社会主义建设道路问题的重要著作。当时中国生产资料所有制的社会主义改造进展迅速,第一个五年计划即将完成,由于缺乏经验,存在着照搬苏联经验、急于求成等问题。怎样探索一条适合中国国情的社会主义建设道路是首要解决的问题。毛泽东经过一系列调查研究后,提出了正确处理社会主义建设中的十大关系的思想,包括重工业和工业、农业的关系,沿海工业和内地工业的关系,经济建设和国防建设的关系,国家、生产单位和生产者个人的关系,中央和地方的关系,汉族和少数民族的关系,党和非党的关系,革命和反革命的关系,是非关系,中国和外国的关系。总之,毛泽东提出正确处理十大关系的中心思想是调动一切积极因素,为社会主义事业服务。该思想一直到中共十一届三中全会依然保持着重要的指导意义。

【史料】

提出这十个问题,都是围绕着一个基本方针,就是要把国内外一切积极因素调动起来,为社会主义事业服务。……

什么是国内外的积极因素? 在国内,工人和农民是基本力量。

中间势力是可以争取的力量。反动势力虽是一种消极因素,但是我们仍然要做好工作,尽量争取化消极因素为积极因素。在国际上,一切可以团结的力量都要团结,不中立的可以争取为中立,反动的也可以分化和利用。总之,我们要调动一切直接的和间接的力量,为把我国建设成为一个强大的社会主义国家而奋斗。

下面我讲十个问题。

## 一 重工业和轻工业、农业的关系

重工业是我国建设的重点。必须优先发展生产资料的生产,这是已经定了的。但是决不可以因此忽视生活资料尤其是粮食的生产。如果没有足够的粮食和其他生活必需品,首先就不能养活工人,还谈什么发展重工业?所以,重工业和轻工业、农业的关系,必须处理好。

在处理重工业和轻工业、农业的关系上,我们没有犯原则性的错误。我们比苏联和一些东欧国家做得好些。像苏联的粮食产量长期达不到革命前最高水平的问题,像一些东欧国家由于轻重工业发展太不平衡而产生的严重问题,我们这里是不存在的。他们片面地注重重工业,忽视农业和轻工业,因而市场上的货物不够,货币不稳定。我们对于农业、轻工业是比较注重的。我们一直抓了农业,发展了农业,相当地保证了发展工业所需要的粮食和原料。我们的民生日用商品比较丰富,物价和货币是稳定的。

我们现在的问题,就是还要适当地调整重工业和农业、轻工业的投资比例,更多地发展农业、轻工业。这样,重工业是不是不为主了?它还是为主,还是投资的重点。但是,农业、轻工业投资的比例要加重一点。

…………

我们现在发展重工业可以有两种办法,一种是少发展一些农业、轻工业,一种是多发展一些农业、轻工业。从长远观点来看,前一种办法会使重工业发展得少些和慢些,至少基础不那么稳固,几十年后算总账是划不来的。后一种办法会使重工业发展得多些和快些,而且由于保障了人民生活的需要,会使它发展的基础更加稳固。

## 二 沿海工业和内地工业的关系

我国的工业过去集中在沿海。所谓沿海,是指辽宁、河北、北京、天津、河南东部、山东、安徽、江苏、上海、浙江、福建、广东、广西。我国全部轻工业和重工业,都有约百分之七十在沿海,只有百分之三十在内地。这是历史上形成的一种不合理的状况。沿海的工业基地必须充分利用,但是,为了平衡工业发展的布局,内地工业必须大力发展。在这两者的关系问题上,我们也没有犯大的错误,只是最近几年,对于沿海工业有些估计不足,对它的发展不那么十分注重了。这要改变一下。

…………

这不是说新的工厂都建在沿海。新的工业大部分应当摆在内地,使工业布局逐步平衡,并且利于备战,这是毫无疑义的。……

好好地利用和发展沿海的工业老底子,可以使我们更有力量来发展和支持内地工业。……

## 三 经济建设和国防建设的关系

国防不可不有。现在,我们有了一定的国防力量。经过抗美援朝和几年的整训,我们的军队加强了,比第二次世界大战前的苏联红军要更强些,装备也有所改进。我们的国防工业正在建立。自从盘古开天辟地以来,我们不晓得造飞机,造汽车,如今开始能造了。

我们现在还没有原子弹。但是,过去我们也没有飞机和大炮,我们是用小米加步枪打败了日本帝国主义和蒋介石的。我们现在已经比过去强,以后还要比现在强,不但要有更多的飞机和大炮,而且还要有原子弹。在今天的世界上,我们要不受人家欺负,就不能没有这个东西。怎么办呢?可靠的办法就是把军政费用降到一个适当的比例,增加经济建设费用。只有经济建设发展得更快了,国防建设才能够有更大的进步。

一九五〇年,我们在党的七届三中全会上,已经提出精简国家机构、减少军政费用的问题,认为这是争取我国财政经济情况根本好转的三个条件之一。第一个五年计划期间,军政费用占国家预算全部支出的百分之三十。这个比重太大了。第二个五年计划期间,要使它降到百分之二十左右,以便抽出更多的资金,多开些工厂,多造些机器。经过一段时间,我们就不但会有很多的飞机和大炮,而且还可能有自己的原子弹。……

现在我们把兵统统裁掉好不好?那不好。因为还有敌人,我们还受敌人欺负和包围嘛!我们一定要加强国防,因此,一定要首先加强经济建设。

## 四 国家、生产单位和生产者个人的关系

国家和工厂、合作社的关系,工厂、合作社和生产者个人的关系,这两种关系都要处理好。……

拿工人讲,工人的劳动生产率提高了,他们的劳动条件和集体福利就需要逐步有所改进。……我们需要大力发扬他们这种艰苦奋斗的精神,也需要更多地注意解决他们在劳动和生活中的迫切问题。

这里还要谈一下工厂在统一领导下的独立性问题。把什么东西统统都集中在中央或省市,不给工厂一点权力,一点机动的余地,一

点利益,恐怕不妥。中央、省市和工厂的权益究竟应当各有多大才适当,我们经验不多,还要研究。从原则上说,统一性和独立性是对立的统一,要有统一性,也要有独立性。……各个生产单位都要有一个与统一性相联系的独立性,才会发展得更加活泼。

再讲农民。……苏联的办法把农民挖得很苦。他们采取所谓义务交售制等项办法,把农民生产的东西拿走太多,给的代价又极低。他们这样来积累资金,使农民的生产积极性受到极大的损害。……

我们对农民的政策不是苏联的那种政策,而是兼顾国家和农民的利益。……我们统购农产品是按照正常的价格,农民并不吃亏,而且收购的价格还逐步有所增长。我们在向农民供应工业品方面,采取薄利多销、稳定物价或适当降价的政策,在向缺粮区农民供应粮食方面,一般略有补贴。……

合作社同农民的关系也要处理好。在合作社的收入中,国家拿多少,合作社拿多少,农民拿多少,以及怎样拿法,都要规定得适当。……

总之,国家和工厂,国家和工人,工厂和工人,国家和合作社,国家和农民,合作社和农民,都必须兼顾,不能只顾一头。无论只顾哪一头,都是不利于社会主义,不利于无产阶级专政的。这是一个关系到六亿人民的大问题,必须在全党和全国人民中间反复进行教育。

## 五 中央和地方的关系

……应当在巩固中央统一领导的前提下,扩大一点地方的权力,给地方更多的独立性,让地方办更多的事情。……

……为了建设一个强大的社会主义国家,必须有中央的强有力的统一领导,必须有全国的统一计划和统一纪律,破坏这种必要的统一,是不允许的。同时,又必须充分发挥地方的积极性,各地都要有适合当地情况的特殊。……

还有一个地方和地方的关系问题,这里说的主要是地方的上下级关系问题。……总之,可以和应当统一的,必须统一,不可以和不应当统一的,不能强求统一。正当的独立性,正当的权利,省、市、地、县、区、乡都应当有,都应当争。ˆ

省市和省市之间的关系,也是一种地方和地方的关系,也要处理得好。我们历来的原则,就是提倡顾全大局,互助互让。

…………

### 六 汉族和少数民族的关系

对于汉族和少数民族的关系……我们着重反对大汉族主义。地方民族主义也要反对……

各个少数民族对中国的历史都做过贡献。……所以我们无论对干部和人民群众,都要广泛地持久地进行无产阶级的民族政策教育……

在少数民族地区,经济管理体制和财政体制,究竟怎样才适合,要好好研究一下。

我们要诚心诚意地积极帮助少数民族发展经济建设和文化建设。在苏联,俄罗斯民族同少数民族的关系很不正常,我们应当接受这个教训。……我们必须搞好汉族和少数民族的关系,巩固各民族的团结,来共同努力于建设伟大的社会主义祖国。

### 七 党和非党的关系

究竟是一个党好,还是几个党好? 现在看来,恐怕是几个党好。不但过去如此,而且将来也可以如此,就是长期共存,互相监督。

在我们国内,在抗日反蒋斗争中形成的以民族资产阶级及其知识分子为主的许多民主党派,现在还继续存在。在这一点上,我们和苏联不同。我们有意识地留下民主党派,让他们有发表意见的机会,对他们采取又团结又斗争的方针。一切善意地向我们提意见的民主人士,我们都要团结。像卫立煌、翁文灏这样的有爱国心的国民党军政人员,我们应当继续调动他们的积极性。就是那些骂我们的,像龙云、梁漱溟、彭一湖之类,我们也要养起来,让他们骂,骂得无理,我们反驳,骂得有理,我们接受。这对党,对人民,对社会主义比较有利。

…………

但是,无产阶级政党和无产阶级专政,如今非有不可,而且非继续加强不可。否则,不能镇压反革命,不能抵抗帝国主义,不能建设社会主义,建设起来也不能巩固。……

……希望你们抓一下统一战线工作,使他们和我们的关系得到改善,尽可能把他们的积极性调动起来为社会主义服务。

## 八　革命和反革命的关系

反革命是什么因素?是消极因素,破坏因素,是积极因素的反对力量。反革命可不可以转变?当然,有些死心塌地的反革命不会转变。但是,在我国的条件下,他们中间的大多数将来会有不同程度的转变。……

## 九　是非关系

党内党外都要分清是非。如何对待犯了错误的人,这是一个重要的问题。正确的态度应当是,对于犯错误的同志,采取"惩前毖后,治病救人"的方针,帮助他们改正错误,允许他们继续革命。……

对于犯了错误的同志,有人说要看他们改不改。我说单是看还不行,还要帮助他们改。这就是说,一要看,二要帮。人是要帮助的,没有犯错误的人要帮助,犯了错误的人更要帮助。人大概是没有不犯错误的,多多少少要犯错误,犯了错误就要帮助。只看,是消极的,要设立各种条件帮助他改。……

### 十　中国和外国的关系

我们提出向外国学习的口号,我想是提得对的。……

应当承认,每个民族都有它的长处,不然它为什么能存在? 为什么能发展? 同时,每个民族也都有它的短处。有人以为社会主义就了不起,一点缺点也没有了。哪有这个事? 应当承认,总是有优点和缺点这两点。……

我们的方针是,一切民族、一切国家的长处都要学,政治、经济、科学、技术、文学、艺术的一切真正好的东西都要学。但是,必须有分析有批判地学,不能盲目地学,不能一切照抄,机械搬用。他们的短处、缺点,当然不要学。

对于苏联和其他社会主义国家的经验,也应当采取这样的态度。……

外国资产阶级的一切腐败制度和思想作风,我们要坚决抵制和批判。但是,这并不妨碍我们去学习资本主义国家的先进的科学技术和企业管理方法中合乎科学的方面。……

我认为,中国有两条缺点,同时又是两条优点。

第一,我国过去是殖民地、半殖民地,不是帝国主义,历来受人欺负。工农业不发达,科学技术水平低,除了地大物博,人口众多,历史悠久,以及在文学上有部《红楼梦》等等以外,很多地方不如人家,骄傲不起来。但是,有些人做奴隶做久了,感觉事事不如人,在外国人面前伸不直腰,像《法门寺》里的贾桂一样,人家让他坐,他说站惯了,不想坐。在这方面要鼓点劲,要把民族自信心提高起来,把抗美援朝中提倡的"蔑视美帝国主义"的精神发展起来。

第二,我们的革命是后进的。虽然辛亥革命打倒皇帝比俄国早,但是那时没有共产党,那次革命也失败了。人民革命的胜利是在一九四九年,比苏联的十月革命晚了三十几年。在这点上,也轮不到我们来骄傲。苏联和我们不同,一、沙皇俄国是帝国主义,二、后来又有了一个十月革命。所以许多苏联人很骄傲,尾巴翘得很高。

我们这两条缺点,也是优点。我曾经说过,我们一为"穷",二为"白"。"穷",就是没有多少工业,农业也不发达。"白",就是一张白纸,文化水平、科学水平都不高。从发展的观点看,这并不坏。穷就要革命,富的革命就困难。科学技术水平高的国家,就骄傲得很。我们是一张白纸,正好写字。

因此,这两条对我们都有好处。将来我们国家富强了,我们一定还要坚持革命立场,还要谦虚谨慎,还要向人家学习,不要把尾巴翘起来。不但在第一个五年计划期间要向人家学习,就是在几十个五年计划之后,还应当向人家学习。一万年都要学习嘛!这有什么不好呢?

——《论十大关系》

【史料解析】

1956年初,在生产资料私有制的社会主义改造不断取得胜利的形势下,中共中央开始把党和国家工作的着重点向社会主义建设方面转移。社会主义建设,从1953年执行第一个五年计划算起,已有3年多的实践经验。中共对于苏联经济建设中的一些缺点和错误也逐步有所了解。以苏联的经验教训为借鉴,总结自己的经验,探索一条适合中国情况的建设社会主义道路的任务,已经摆到了中国共产党面前。报告总结了我国社会主义建设的经验,提出了调动一切积极因素为社会主义建设事业服务的基本方针,对适合中国情况的社会主义建设道路进行了初步的探索。毛泽东《论十大关系》的报告明确了建设社会主义的根本思想是必须根据本国情况走自己的道路。

## 二、"大跃进"

1957 年 11 月《人民日报》发表社论,提出了"大跃进"的口号。1958 年 5 月党的八大二次会议正式通过了社会主义建设总路线,号召全党和全国人民,争取在 15 年或者更短时间内,在主要工业产品的产量方面赶上和超过英国。会上通过了第二个五年计划,提出了一系列不切实际的任务和指标。会后,全国各条战线迅速掀起了"大跃进"的浪潮。在"大跃进"中,高指标、瞎指挥、虚报风、浮夸风、"共产风"盛行,片面追求工农业生产和建设的高速度,大幅度地提高和修改计划指标。在农业上,提出"以粮为纲",不断宣传"高产卫星"。在工业上,为实现全年钢产量 1070 万吨的指标,全国几千万人掀起了"全民大炼钢铁运动",并且"以钢为纲",带动了其他行业的"大跃进"。交通、邮电、教育、文化、卫生等事业也都开展"全民大办",把"大跃进"运动推向了高潮。"大跃进"打乱了国民经济秩序,浪费了大量的人力物力,造成了国民经济比例严重失调,使社会主义建设事业受到重大损失。

【史料】

最近举行的我们党的中央政治局扩大会议决定,为了适应我国农业"大跃进"的新形势,为了高速度地发展我国工业,我国今年钢的生产量,要比去年翻一番,就是说从去年的五百三十五万吨跃增至一千零七十万吨,这是一个有历史意义的振奋人心的伟大号召。全力保证实现钢产翻一番,是全党全民当前最重要的政治任务。

⋯⋯⋯⋯⋯

钢产翻一番,从五百多万吨剧升到一千多万吨,这样的规模和速度不仅在我国而且在世界历史上都是空前的。我国的钢产量在1952年只有一百三十万万吨,在第一个五年计划期间从居世界第十八位上升到第九位,平均每年递增了31%,五年共增加了四百万吨。今年一年的增长就要超过过去五年增长的总和。美国是资本主义国家中钢铁工业最发达的,它的钢产量在近四十年中从来没有达到一年增长一倍的速度,就是最高产量年的绝对生产量,在正常的和平时期也从来没有超过五百万吨。毫无疑问,实现钢产翻一番,不但在国内而且在国际上都有伟大的政治意义。人们将会看到:社会主义制度较之资本主义制度有多么无法比拟的优越性;英勇勤劳的中国人民,在我们党的社会主义建设总路线的鼓舞下,无论在农业战线上还是在工业战线上,创造了多么难以想象的奇迹。

能不能实现钢产翻一番?对于这个问题不是没有人表示怀疑的。但是,我们的回答是肯定的。我们有充分的理由相信,一千多万吨钢的生产任务一定能够完成。

⋯⋯⋯⋯⋯

从今天起到年底只有一百二十二天了。一千零七十万吨钢的任务必须完成,一吨也不能少。任务是繁重的,时间是紧迫的,古语说得对,"一寸光阴一寸金"。为了完成钢产翻一番的任务,一小时也不能浪费。全党全民必须同时间赛跑,从现在起立即行动起来,鼓足干劲,苦战四个月。

——《立即行动起来,完成把钢产翻一番的伟大任务》

【史料解析】

该篇文章为1958年9月1日《人民日报》的社论,发表于1958

年 5 月中共八大二次会议后,是对"鼓足干劲、力争上游、多快好省地
建设社会主义"的总路线的进一步宣传和号召。在生产发展上追求
高速度,以实现工农业生产高指标为目标。尽管这条总路线和社论
的出发点都是要尽快地改变我国经济文化落后的状况,但由于忽视
了客观经济规律,根本不可能迅速地改变我国经济文化落后的状况。
从 1958 年"大跃进"开始的三年,"左"倾冒进导致了国民经济比例的
大失调,并造成严重的经济困难。

## 三、人民公社化

人民公社化是农村人民公社化运动,是我们党在 20 世纪 50 年
代后期全面开展社会主义建设中,为探索中国社会主义建设道路所
做的一项重大决策。它违背了生产关系要与生产力相适应的规律。
它的特点是"一大二公",即规模大(一般为两千户左右)、公有化程度
高。权力过分集中,基层生产单位没有自主权,生产中没有责任制,
分配上实行平均主义,这极大地挫伤了农民的生产积极性。"大跃
进"和人民公社化运动使"左"的错误严重地泛滥开来,造成国民经济
比例严重失调,是导致 1959—1961 年粮食供给严重困难的原因。
1958 年 11 月中共中央工作会议(第一次郑州会议)后,毛泽东和中共
中央开始逐步纠正人民公社化运动中的错误。

【史料】

一、人民公社是形势发展的必然趋势。大型的综合性的人民公
社不仅已经出现,而且已经在若干地方普遍发展起来,有的地方发展
得很快,很可能不久就会在全国范围内出现一个发展人民公社的高
潮,且有不可阻挡之势。……在目前形势下,建立农林牧副渔全面发

展、工农商学兵互相结合的人民公社,是指导农民加速社会主义建
设,提前建成社会主义并逐步过渡到共产主义所必须采取的基本
方针。

二、社的组织规模,就目前说,一般以一乡一社、两千户左右较为
合适。某些乡界辽阔、人烟稀少的地方,可以少于两千户,一乡数社。
有的地方根据自然地形条件和生产发展的需要,也可以由数乡并为
一乡,组成一社,六、七千户左右。至于达到万户或两万户以上的,也
不要去反对,但在目前也不要主动提倡。

⋯⋯⋯⋯⋯⋯

三、小社并大、转为人民公社的做法和步骤。小社并大,转为人
民公社,是当前广大群众的共同要求,贫农、下中农是坚决拥护的,大
部分上中农也是赞成的,我们要依靠贫农、下中农,充分发动群众,展
开鸣放辩论,团结大部分赞成并大社、转公社的上中农,克服另一部
分上中农的动摇,揭穿和击退地主富农的造谣破坏,使广大农民在思
想解放自觉自愿的基础上并大社、转公社,防止强迫命令。

⋯⋯⋯⋯⋯⋯

五、关于社的名称、所有制和分配制的问题:大社统一定名为人
民公社,不必搞成国营农场,农场就不好包括工、农、商、学、兵各个
方面。

人民公社建成以后,不要忙于改集体所有制为全民所有制,在目
前还是以采用集体所有制为好,这可以避免在改变所有制的过程中
发生不必要的麻烦。⋯⋯

人民公社建成以后,也不必忙于改变原有的分配制度,以免对生
产发生不利的影响。要从具体条件出发,在条件成熟的地方,可以改
行工资制;在条件还不成熟的地方,也可以暂时仍然采用原有的三包
一奖或者以产定工制等等按劳动日计酬的制度,条件成熟以后再加

以改变。

人民公社虽然所有制仍然是集体所有的,分配制度无论工资制或者按劳动日计酬,也还都是"按劳取酬",并不是"各取所需",但是人民公社将是建成社会主义和逐步向共产主义过渡的最好的组织形式,它将发展成为未来共产主义社会的基层单位。

六、现阶段我们的任务是建设社会主义。建立人民公社首先是为了加快社会主义建设的速度,而建设社会主义是为了过渡到共产主义积极地做好准备。看来,共产主义在我国的实现,已经不是什么遥远将来的事情了,我们应该积极地运用人民公社的形式,摸索出一条过渡到共产主义的具体途径。

——《中共中央关于在农村建立人民公社问题的决议》

【史料解析】

《中共中央关于在农村建立人民公社问题的决议》是中共中央1958 年 8 月 29 日发布的指导农民加速社会主义建设,提前建成社会主义并逐步过渡到共产主义所必须采取的基本方针。其内容主要包括:1. 认为人民公社是形势发展的必然趋势,建立人民公社是逐步过渡到共产主义所必须采取的基本方针;2. 关于社的组织规模,认为一般以一乡一社、两千户左右较为合适;3. 关于小社并大、转为人民公社的做法和步骤;4. 关于并社中的若干经济政策问题;5. 关于社的名称、所有制和分配制问题;6. 强调现阶段我们的任务是建设社会主义。根据决议,各地开始大办人民公社,但是在人民公社化运动中,许多地方混淆了全民所有制和集体所有制的界限,混淆了社会主义和共产主义的界限,刮起了一股"共产风",严重侵犯了农民的经济利益,挫伤了集体和农民的积极性,破坏了农村生产力,使农业经济遭到了重大损失。党中央和毛泽东及时发现了这些问题,并给予了纠正。

# 第十单元
## 改革开放与社会主义现代化建设新时期

## 第 28 课　中国特色社会主义道路的开辟与发展

### 一、中共十一届三中全会

1978 年 12 月 18 日至 22 日,中共十一届三中全会在北京举行,结束了粉碎"四人帮"之后两年中党的工作在徘徊中前进的局面,实现了中华人民共和国成立以来党的历史的伟大转折。这个伟大转折,是全局性的、根本性的,集中表现在以下几个主要方面:1.全会实现了思想路线的拨乱反正。全会冲破了党的指导思想上存在的教条主义和个人崇拜的严重束缚,坚决批判和否定了"两个凡是"的错误方针,高度评价了关于真理标准问题的讨论,指出"实践是检验真理的唯一标准"是党的思想路线的根本原则,从而重新确立了马克思主义的实事求是的思想路线;2.全会实现了政治路线的拨乱反正。三中全会果断地做出把全党工作着重点和全国人民的注意力转移到社会主义现代化建设上来的战略决策;3.全会实现了组织路线的拨乱反正。以邓小平为核心的中央领导集体经过三中全会在实际上建立起来;4.全会开始了系统地清理重大历史是非的拨乱反正。全会认真地讨论了"文化大革命"中发生的一些重大政治事件,也讨论了"文化大革命"前遗留下来的某些历史问题;5.全会恢复了党的民主集中制的传统。全会讨论并着重提出了健全社会主义民主和加强社会主义法制的任务;6.全会做出了实行改革开放的新决策,启动了农村改革的新进程。十一届三中全会所做出的这些在领导工作中具有重大意义的转变,标志着中国共产党从根本上冲破了长期"左"倾错误的严重束缚,端正了党的指导思想,使广大党员、干部和群众从过去盛行的个人崇拜和教条主义束缚中解放出来,在思想上、政治上、组织上全面恢复和确立了马克思主义的正确路线,结束了 1976 年 10 月以来党的工作在徘徊中前进的局面,将党领导的社会主义事业引向健康发展的道路。党的十一届三中全会揭开了党和国家历史的新篇章,是中华人民共和国成立以来我党历史上具有深远意义的伟大转折。

【史料】

(一)

··········

毛泽东同志早在建国初期,特别在社会主义改造基本完成以后,就再三指示全党,要把工作中心转到经济方面和技术革命方面来。毛泽东同志和周恩来同志领导我们党在进行社会主义现代化建设事业方面,做了大量工作,取得了重大的成就,但是后来被林彪、"四人帮"打断了,破坏了。此外,由于我们对于社会主义建设缺乏经验,工作指导上发生了一些缺点和错误,也妨碍了党的工作中心转变的完成。现在,全国范围内揭批林彪、"四人帮"的群众运动已经基本上胜利完成,虽然少数地区和部门的运动比较落后,还需要一段时间来抓紧进行,不能一刀切,但是就整体来说,实行全党工作中心转变的条件已经具备。

因此,全会一致同意华国锋同志代表中央政治局所提出的决策,现在就应当适应国内外形势的发展,及时地、果断地结束全国范围的大规模的揭批林彪、"四人帮"的群众运动,把全党工作的着重点和全国人民的注意力转移到社会主义现代化建设上来。……

（二）

……会议指出,现在我国经济管理体制的一个严重缺点是权力过于集中,应该有领导地大胆下放,让地方和工农业企业在国家统一计划的指导下有更多的经营管理自主权;应该着手大力精简各级经济行政机构,把它们的大部分职权转交给企业性的专业公司或联合公司;应该坚决实行按经济规律办事,重视价值规律的作用,注意把思想政治工作和经济手段结合起来,充分调动干部和劳动者的生产积极性;应该在党的一元化领导之下,认真解决党政企不分、以党代政、以政代企的现象,实行分级分工分人负责,加强管理机构和管理人员的权限和责任,减少会议公文,提高工作效率,认真实行考核、奖惩、升降等制度。

…………

（四）

……会议对进一步继承和发扬毛泽东同志所倡导的马克思主义学风,即坚持唯物主义的思想路线问题,展开了深入的讨论。会议一致认为,只有全党同志和全国人民在马列主义、毛泽东思想的指导下,解放思想,努力研究新情况新事物新问题,坚持实事求是、一切从实际出发、理论联系实际的原则,我们党才能顺利地实现工作中心的转变,才能正确解决实现四个现代化的具体道路、方针、方法和措施,正确改革同生产力迅速发展不相适应的生产关系和上层建筑。

……会议高度评价了关于实践是检验真理的唯一标准问题的讨论,认为这对于促进全党同志和全国人民解放思想,端正思想路线,具有深远的历史意义。一个党,一个国家,一个民族,如果一切从本本出发,思想僵化,那它就不能前进,它的生机就停止了,就要亡党亡国。

会议着重指出:毛泽东同志在长期革命斗争中立下的伟大功勋是不可磨灭的。如果没有他的卓越领导,没有毛泽东思想,中国革命有极大的可能到现在还没有胜利,那样中国人民就还处在帝国主义、封建主义、官僚资本主义的反动统治之下,我们党就还在黑暗中苦斗。毛泽东同志是伟大的马克思主义者。他对于包括自己在内的任何人,始终坚持一分为二的科学态度。要求一个革命领袖没有缺点、错误,那不是马克思主义,也不符合毛泽东同志历来对自己的评价。……

全会认为,对于"文化大革命",也应当历史地、科学地、实事求是地去看待它。毛泽东同志发动这样一场大革命,主要是鉴于苏联变修,从反修防修出发的,是完全正确的。至于实际过程中发生的缺点,适当的时候作为经验教训加以总结,统一全党和全国人民的认识,是必要的,但是不应匆忙地进行。这既不影响我们实事求是地解决历史上的一切遗留问题,更不影响我们集中力量加快实现四个现代化这一当前最伟大的历史任务。

（五）

根据党的历史的经验教训,全会决定健全党的民主集中制,健全党规党法,严肃党纪。

华国锋同志在会上着重强调了党中央和各级党委的集体领导。他提议:全国报刊宣传和文艺作品要多歌颂工农兵群众,多歌颂党和老一辈革命家,少宣传个人。全会完全同意并高度评价华国锋同志的提议,认为这是党内民主生活健全化的重要标志。全会重申了毛泽东同志的一贯主张,党内一律互称同志,不要叫官衔;任何负责党员包括中央领导同志的个人意见,不要叫"指示"。

会议指出,一定要保障党员在党内对上级领导直至中央常委提出批评性意见的权利,一切不符合党的民主集中制和集体领导原则的做法应该坚决纠正。

会议认为,国要有国法,党要有党规党法。全体党员和党的干部,人人遵守党的纪律,是恢复党和国家正常政治生活的起码要求。党的各级领导干部必须带头严守党纪。对于违犯党纪的,不管是什么人,都要执行纪律,做到功过分明,赏罚分明,伸张正气,打击邪气。

全会选举产生了以陈云同志为首的由一百人组成的中央纪律检查委员会。这是保障党的政治路线的贯彻执行的一个重要措施。纪律检查委员会的根本任务,就是维护党规党法,切实搞好党风。

全会指出,通过粉碎"四人帮"两年来的努力,全党、全军和全国各族人民的团结有了极大的加强,觉悟有了极大的提高。华国锋同志关于"既要解决问题,又要稳定局势"和"思想再解放一点,胆子再大一点,办法再多一点,步子再快一点"的号召,已经深入人心。

只要全党努力学习马列主义、毛泽东思想和社会主义现代化建设的本领,继续坚持实事求是,坚持群众路线,既勇于创造新的经验,又保持谦虚谨慎的态度,充分调查研究,实行精心指导,不打无准备之仗,不打无把握之仗,就一定能够加快实现新时期的总任务,任何困难都不能阻止党和人民的胜利前进。

明年是伟大的中华人民共和国的三十周年。十一届三中全会号召全党同志、全军指战员和全国各族工人、农民、知识分子、各党派和无党派爱国民主人士:我们在明年把工作中心转入社会主义现代化建设并取得应有的成就，将是对建国三十周年的最好献礼。让我们更加紧密地团结在毛泽东思想的旗帜下，团结在以华国锋同志为首的党中央周围，为根本改变我国的落后面貌，把我国建成现代化的伟大社会主义强国而奋勇前进！

——《中国共产党第十一届中央委员会第三次全体会议公报》

【史料解析】

中共十一届三中全会开启了改革开放历史新时期。我们党在新中国成立以来的历史上具有深远意义的伟大转折是以这次全会为开端的。我们党在思想、政治、组织等领域的全面拨乱反正，是从这次全会开始的。伟大的社会主义改革开放，是由这次全会揭开序幕和开始起步的。建设中国特色社会主义的新道路，是以这次全会为起点开辟的。指导改革开放和社会主义现代化建设的强大理论武器——建设中国特色社会主义理论，是在这次全会前后开始逐步形成和发展起来的。

## 二、"一国两制"

"一国两制"，即"一个国家，两种制度"，是中国政府为实现国家和平统一而提出的基本国策。按照邓小平的论述，"一国两制"是指在一个中国的前提下，国家的主体坚持社会主义制度，香港、澳门、台湾保持原有的资本主义制度长期不变。"一国两制"是中华人民共和国政府在台湾问题上的主要方针，也是针对香港、澳门两个特别行政区所采用的制度。

**【史料】**

近三十年来,中国在世界上的地位已发生根本变化。我国国际地位越来越高,国际作用越来越重要。各国人民和政府为了反对霸权主义、维护亚洲和世界的和平稳定,几乎莫不对我们寄予极大期望。每一个中国人都为祖国的日见强盛而感到自豪。我们如果尽快结束分裂局面,把力量合到一起,则所能贡献于人类前途者,自更不可限量。早日实现祖国统一,不仅是全中国人民包括台湾同胞的共同心愿,也是全世界一切爱好和平的人民和国家的共同希望。

今天,实现中国的统一,是人心所向,大势所趋。世界上普遍承认只有一个中国,承认中华人民共和国政府是中国唯一合法的政府。最近中日和平友好条约的签定,和中美两国关系正常化的实现,更可见潮流所至,实非任何人所得而阻止。目前祖国安定团结,形势比以往任何时候都好。在大陆上的各族人民,正在为实现四个现代化的伟大目标而同心戮力。我们殷切期望台湾早日归回祖国,共同发展建国大业。我们的国家领导人已经表示决心,一定要考虑现实情况,完成祖国统一大业,在解决统一问题时尊重台湾现状和台湾各界人士的意见,采取合情合理的政策和办法,不使台湾人民蒙受损失。台湾各界人士也纷纷抒发怀乡思旧之情,诉述"认同回归"之愿,提出种种建议,热烈盼望早日回到祖国的怀抱。时至今日,种种条件都对统一有利,可谓万事俱备,任何人都不应当拂逆民族的意志,违背历史的潮流。

我们寄希望于一千七百万台湾人民,也寄希望于台湾当局。台湾当局一贯坚持一个中国的立场,反对台湾独立。这就是我们共同的立场,合作的基础。我们一贯主张爱国一家。统一祖国,人人有责。希望台湾当局以民族利益为重,对实现祖国统一的事业做出宝贵的贡献。

中国政府已经命令人民解放军从今天起停止对金门等岛屿的炮击。台湾海峡目前仍然存在着双方的军事对峙,这只能制造人为的紧张。我们认为,首先应当通过中华人民共和国政府和台湾当局之间的商谈结束这种军事对峙状态,以便为双方的任何一种范围的交往接触创造必要的前提和安全的环境。

由于长期隔绝,大陆和台湾的同胞互不了解,对于双方造成各种不便。远居海外的许多侨胞都能回国观光,与家人团聚。为什么近在咫尺的大陆和台湾的同胞却不能自由来往呢? 我们认为这种藩篱没有理由继续存在。我们希望双方尽快实现通航通邮,以利双方同胞直接接触,互通讯息,探亲访友,旅游参观,进行学术文化体育工艺观摩。

——《告台湾同胞书》

【史料解析】

《告台湾同胞书》宣布了在新的历史条件下台湾回归祖国、争取祖国和平统一的大政方针。其要点包括:强调坚持一个中国的立场,反对台湾独立;解决台湾问题一定要考虑台湾现状;停止炮击金门;两岸尽快实行通航、通商、通邮。这是"一国两制"方针形成的第一步,即强调和平统一。在此基础上,逐渐形成完整的"一国两制"理论。按照"一国两制"实现中国和平统一,符合中华民族的根本利益。"一国两制"是中国政府为实现国家和平统一而提出的基本国策,按照"一国两制"方针,中国政府成功解决了港澳问题,开启了港澳发展的新篇章。

# 参考文献

[1] 欧阳修.新唐书[M].北京:中华书局,1975.

[2] 脱脱.宋史[M].北京:中华书局,1985.

[3] 司马迁.史记[M].北京:中华书局,2006.

[4] 司马光.资治通鉴[M].北京:中华书局,2009.

[5] 方勇,译注.孟子[M].北京:中华书局,2010.

[6] 方勇,译注.荀子[M].北京:中华书局,2011.

[7] 班固.汉书[M].北京:中华书局,2012.

[8] 徐正英,常佩雨,译注.周礼[M].北京:中华书局,2014.

[9] 姚春鹏,译注.黄帝内经[M].北京:中华书局,2014.

[10] 高华平,等,译注.韩非子[M].北京:中华书局,2015.

[11] 方勇,译注.庄子[M].北京:中华书局,2015.

[12] 方勇,译注.墨子[M].北京:中华书局,2015.

[13] 沈括.梦溪笔谈[M].北京:中华书局,2016.

[14] 李时珍.本草纲目[M].北京:光明日报出版社,2016.

[15] 陈曦,骈宇骞,译注.孙子兵法[M].北京:中华书局,2016.

[16] 卜正民.哈佛中国史[M].北京:中信出版社,2016.

[17] 刘向.山海经全集[M].长春:吉林文史出版社,2017.

[18] 戴圣.礼记[M].北京:中华书局,2017.

[19] 魏收.魏书[M].北京:中华书局,2017.

[20] 陈旭麓.近代中国社会的新陈代谢[M].北京:生活·读书·新
知三联书店,2018.

# 后 记

经过一段时间的收集与思考，我们把《中外历史纲要（上）》一些比较重要的历史概念的相关史料进行整理、汇编，期盼为新版教材《中外历史纲要（上）》的教学尽一份绵薄之力。

拙作能够成形，特别要感谢陈家华名师工作室这个平台。笔者出生于浙江玉环，毕业后也回到家乡工作，工作以来，一直埋头于日常教学事务，却较少反思与总结，加之外出教研和学习机会不多，在教学实践中遇到不少问题无法解决，幸而得知台州市陈家华名师工作室招聘成员的消息，最后如愿加入。在工作室领衔人、省特级历史教师陈家华老师的引领下，我得以聆听诸多名师家大家的高言宏论，观摩各地优秀教师的教学艺术，并与耕耘于杏坛的工作室其他成员切磋技艺，深深受益。在学习和实践之余，陈老师鼓励我们每个人都把平时的点滴积累汇成文字。本书从最初的策划到最终的出版，工作室领衔人陈家华老师予以全程指导，在此深表感激！

此外，本书的顺利出版也感谢本人所在的工作单位玉环中学，学校的信任让我能够接触到校内最优秀的学生，与他们的互动交流引发了我创作本书的初衷。另外，本书整理过程中的史料也曾多次以他们为样本进行阅读诊断，从而作为判断史料去留的依据。

本书在撰写过程中，参考学界同仁王悦欢主编的《高中历史必读史料全解》（广西师范大学出版社，2015 年 1 月版），受益颇深，深表谢意！

由于我们精力、能力所限,在史料搜集和解析方面肯定存有不到之处,敬请各位同仁不吝赐教,便于再版时修正提高,谨致谢忱!

沈丽娅

2020 年 1 月 12 日